KB202052

알쏭달쏭한
우리말 해방 사전

알쏭달쏭한 우리말 해방 사전

○×만 보면 바로 알게 되는 맞춤법과 표준어

지은이 양성필

포르체

글머리에

매일 일상 생활에서 쓰고 있는 우리말에 대해 여러분은 얼마나 정확하게 알고 있고, 얼마나 올바르게 사용하고 있나요?

저는 지난 4년여 동안 경기도 의정부의 외국인근로자지원센터에서 한국에 살고 있는 외국인 근로자들에게 한국어를 가르쳤습니다. 이미 본격 다문화 사회에 진입한 한국 사회에, 그들이 사회 구성원의 한 사람으로서 잘 정착할 수 있도록 돕는다는 마음가짐으로 한국어 교원 생활에 충실히 임했습니다.

그런데 한국어를 가르치다 보니 한국인인 저조차도 헷갈리는 문법이나 어휘가 꽤 많았습니다. 그래서 저부터 선생님이 아닌 학생의 마음으로 한국어 문법과 어휘를 더 열심히 공부하게 되었고, 그것이 이 책을 쓰게 된 계기입니다.

외국인 학생들에게 필요한 한국어 문법과 어휘에 대한 지식이 한국인에게는 과연 필요가 없을까요? 지금은 문해력 저하의 시대입니다. 문해력 저하의 가장 큰 이유로는 지나친 디지털 매체의 사용과 독서 부족이라고 합니다. 또한 어휘력의 부족도 문해력 저하에 큰 영향을 끼칩니다. 올바른 한국어 문법과 풍부한 어휘력 학습을 통해 문해력을 키우는 것은 개인의 언어 사용 역량을 높여 주는 일인 동시에, 우리 사회의 수준을 한 단계 끌어올리는 일일 것입니다. 이 책이 조금이나마 도움이 되길 희망합니다.

이 책은 우선 헷갈리는 단어와 표현을 쓰임별로 나열해, 사전처럼 찾아볼 수 있도록 구성했습니다. 이어 언어 생활을 풍부하게 해 줄 순우리말 단어를 예문과 함께 소개해, 실생활에서 써 볼 수 있도록 했습니다. 표기가 헷갈리는 외래어들과 누구에게나 헷갈리는 띄어쓰기 관련 내용도 서술했습니다. 관련 내용들은 국립국어원 표준국어대사전, 한글 맞춤법, 표준어 규정, 외래어표기법 등을 준용했습니다. 책의 모든 내용을 다 읽어 주셔도 좋고, 필요한 내용을 찾아 읽으셔도 좋습니다.

책이 나오기까지 힘껏 마음의 응원을 보내준 가족과 선후배 및 친구들, 그리고 회사 동료에게 무한한 고마움을 전합니다. 아울러 출판사 포르체 박영미 대표님과 편집, 마케팅 담당자분들께도 '찐' 고마움을 전합니다.

2025년 다시 찾아온 화창한 봄을 만끽하며
양성필

목차

1장

헷갈리는 표현

체
언

각출/갹출

친구들이 <u>각출(×)/갹출(○)</u>해 철수의 결혼 축하 선물을 샀다.

각출(各出) 각각 내놓음.
    (예 1) 연말이면 재벌 기업마다 불우 이웃 돕기 성금의 **각출을** 약속한다.
    (예 2) 우리 회사 직원들은 수재 의연금을 **각출했다.**

갹출(醵出) 같은 목적을 위하여 여러 사람이 돈을 나누어 냄.
    (예 1) 테니스 동호회 회원들이 **갹출하여** 운영비를 마련했다.
    (예 2) 각 팀에서 행사 비용을 **갹출했다.**

'각출'과 '갹출'은 형태와 의미가 비슷한 단어입니다. 다만, '각출'은 '각각 내놓다'라는 의미이고, '갹출'은 '나누어 낸다'라는 의미가 있습니다. 상황에 맞게 구별해서 써야 합니다.

갑절/곱절

품종 개량을 통해 수확량을 몇 갑절(✕)/곱절(〇) 늘렸다.

갑절   어떤 수나 양을 두 번 합한 만큼. 2배라는 뜻만 있음.
      (예) 내 몸무게는 그녀보다 **갑절**이다.

곱절   '갑절'의 뜻도 가지고 있으며, 일정한 수나 양이 그 수만큼
      거듭됨을 이르는 말.
      (예 1) 전력 소비량이 지난해보다 **곱절**만큼 증가했다. (2배라는
      의미)
      (예 2) 방법을 바꾸면 생산량이 몇 **곱절** 늘어난다. (몇 배 이상을
      의미)

'갑절'은 어떤 수나 양을 두 번 합한 만큼이라는 뜻으로 2배의
의미로만 쓰입니다. 이에 비해 '곱절'은 어떤 수나 양을 두 번
합한 만큼, 또는 흔히 고유어 수 뒤에 쓰여 일정한 수나 양이 그
수만큼 거듭됨을 이르는 말입니다.

따라서 '세 곱절/네 곱절/여러 곱절'처럼은 쓸 수 있으나, '세
갑절/네 갑절/여러 갑절'로는 쓰지 않습니다.

강수량/강수양

이 지역은 <u>강수량(○)/강수양(×)</u>이 적어서 늘 농사에 쓸 물이
부족하다.

'-양'과 '-량'은 분량이나 수량을 나타내는 말입니다. 표기할
때 구별하는 방법은 간단합니다. 고유어와 외래어 명사 뒤에는
'-양'을 쓰고, 한자어 뒤에는 '-량'을 쓰면 됩니다.

(예 1) 구름양, 설거지양, 알칼리양, 칼로리양

(예 2) 강수량, 적설량, 교통량

체언

개거품/게거품

영철이는 너무 화가 나서 개거품(✕)/게거품(○)을 뿜었다.

게거품   사람이나 동물이 몹시 괴롭거나 흥분했을 때 입에서 나오는 거품 같은 침.
(예) 두 사람이 입에 **게거품**을 물고 죽일 놈 살릴 놈 하며 싸우고 있다.

'게'는 위험에 처하거나 주변 환경이 바뀌면 입에서 뽀글뽀글 거품을 뿜습니다. 사람도 몹시 화가 나거나 흥하면 입가에 침이 잔뜩 고이게 됩니다. 그래서 생겨난 말이 '게거품을 물다'입니다.

'게거품'을 '개거품'으로 잘못 쓰지 않기를 바랍니다.

개구쟁이/개구장이

우리 집 개구장이(✕)/개구쟁이(○)인 둘째 녀석!

기술자에게는 '-장이', 그 외에는 '-쟁이'가 붙는 형태를 표준어로 삼습니다. 따라서 '개구쟁이'가 바른 표기입니다.

다른 예를 살펴보겠습니다.

　(예 1) '-장이'로 표기하는 것: 미장이, 옹기장이, 가구장이
　(예 2) '-쟁이'로 표기하는 것: 멋쟁이, 말썽쟁이, 심술쟁이, 난쟁이

개발/계발

개개인의 잠재된 소질은 개발(✕)/계발(○)하고,
회사의 신제품은 개발(○)/계발(✕)합시다.

개발(開發) 1 토지나 천연자원 따위를 유용하게 만듦. (예) 농지 **개발**
개발 2 지식이나 재능 따위를 발달하게 함. (예) 능력 **개발**
개발 3 산업이나 경제 따위를 발전하게 함. (예) 산업 **개발**
개발 4 새로운 물건을 만들거나 새로운 생각을 내어놓음.
　　　　(예) 신제품 **개발**

계발(啓發) 슬기나 재능, 사상 따위를 일깨워 줌. (예) 자기 **계발**

‘계발’은 사용 범위가 좁아서 능력, 재질, 재능 등 사람의 속성을 나타내는 말들에 국한되어 쓰입니다. 이에 비해 ‘개발’은 기술, 경제, 책, 제품, 국토, 인력 등 주로 물질적인 것을 가리키는 말들과 어울리지만 때로는 능력, 재능 등의 단어와 어울리기도 합니다.

‘개발’과 ‘계발’은 모두 상태를 개선해 나간다는 점에서 공통적인 의미가 있습니다. 그런데 무엇을 ‘계발’하기 위해서 그 무엇은 잠재되어 있어야 하지만, ‘개발’에는 이러한 전제가 없습니다.

즉, '개발'은 단지 상태를 개선해 나간다는 의미만 있으나, '계발'은 잠재된 속성을 더 나아지게 한다는 의미가 있습니다. 능력이 전혀 없지만 '개발'하겠다고 말할 수는 있어도 '계발'하겠다고 말하면 어색하다고 느껴지는 이유도 이러한 의미 차이 때문입니다.

따라서 새로운 능력을 만들어 낼 때는 '자기 개발'을, 잠재된 능력을 더욱 발전시킬 때는 '자기 계발'을 쓰면 됩니다.

체언

개발새발/괴발개발

그는 메모지에 개발새발(○)/괴발개발(○) 글씨를 써 놓았다.

개발새발 개의 발과 새의 발이라는 뜻으로, 글씨를 되는대로
아무렇게나 써 놓은 모양을 이르는 말.

괴발개발 고양이의 발과 개의 발이라는 뜻으로, 글씨를 되는대로
아무렇게나 써 놓은 모양을 이르는 말.

원래 '괴발개발'만 표준어였으나, '개발새발'도 복수 표준어로
인정되었습니다. 알아보기 어려울 만큼 아무렇게 써 놓은 글씨
라면 '괴발개발'과 '개발새발' 둘 다 쓸 수 있습니다.

갱신/경신

10년 만에 마라톤 세계 기록을 <u>갱신(✕)/경신(○)</u>했다.

갱신(更新)　1　이미 있던 것을 고쳐 새롭게 함. (예) 계약 갱신
갱신 2　법률관계의 존속 기간이 끝났을 때 그 기간을 연장하는 일.
　　　　(예) 비자 갱신, 면허 갱신
갱신 3　기존의 내용을 변동된 사실에 따라 변경·추가·삭제하는 일.
　　　　(예) 시스템 갱신

경신(更新)　1　이미 있던 것을 고쳐 새롭게 함. (예) 계약 경신
경신 2　기록 경기 따위에서, 종전의 기록을 깨뜨림. (예) 기록 경신
경신 3　어떤 분야의 종전 최고치나 최저치를 깨뜨림.
　　　　(예) 무더위로 최대 전력 수요 **경신**이 계속되고 있다.

'更新'은 '경신'으로 읽히기도 하고, '갱신'으로 읽히기도 합니다. '更'은 '고친다'는 뜻으로는 '경'으로, '다시'라는 뜻으로는 '갱'으로 읽히는 한자입니다.

이미 있던 것을 고쳐서 새롭게 한다는 의미일 때에는 '갱신'과 '경신'을 모두 쓸 수 있습니다.
　(예 1) 단체 협약 경신 또는 단체 협약 갱신
　(예 2) 주민 등록증 경신 또는 주민 등록증 갱신

체언

단, 법률관계의 존속 기간이 끝났을 때 그 기간을 연장하는 일과 관련해서는 '갱신'으로 씁니다.

(예) 비자 갱신, 면허 갱신, 여권 갱신

기존의 기록을 깨고 새로운 기록을 세우는 뜻으로는 '경신'을 사용합니다.

(예) 남자 100미터 최고 기록 **경신**

헷갈리는 표현

걔네/게네

① 우리는 아무 잘못이 없다. 이 모든 게 <u>걔네</u> 탓이다.
② 우리는 아무 잘못이 없다. 이 모든 게 <u>게네</u> 탓이다.

걔네 '걔'는 '그 아이'의 준말이며, '네'는 '그 사람이 속한 무리'의
뜻을 나타내는 접미사.
(예 1) **걔네** 둘은 주량이 비슷하다.
(예 2) **걔네** 팀은 단합이 잘 된다.

게네 말하는 이와 듣는 이가 아닌 사람의 무리를 조금 낮잡아 이르는
삼인칭 대명사.
(예 1) **게네**가 잘못한 거다. 너는 아무 잘못이 없다.
(예 2) **게네**가 뭘 안다고 그래.

제시문 ①에서 '걔네'는 '그 아이(특정한 사람)가 속한 무리'
라는 의미입니다. 예컨대, 그 아이의 이름이 '철수'라고 한다면
'철수'가 속하는 무리에게 잘못이 있다는 말입니다.

제시문 ②에서 '게네'는 말하는 사람과 듣는 사람이 아닌 제3의
무리'라는 의미입니다. 즉, 너와 내가 아닌 다른 사람들의 무리
에게 잘못이 있다는 말입니다.

☞

체언

'걔네'와 '게네'는 형태와 발음이 유사해서 헷갈리는 경우가 있습니다. 그러나 구별해서 써야 합니다.

겨땀/곁땀

운동을 하면 겨땀(×)/곁땀(○)이 많이 난다.

곁땀 겨드랑이에서 나는 땀.

'겨드랑이에서 나는 땀'을 의미하는 말은 '곁땀'입니다. '옆'을 의미하는 '곁'과 '땀'이 합쳐진 말입니다. 흔히 '겨땀'으로 잘못 쓰는 경우가 많이 있습니다. 하지만 이것은 잘못된 표기입니다.

(예 1) **곁땀**으로 옷이 흥건히 젖었다.
(예 2) **곁땀**이 너무 많이 나서 수술을 고민 중이다.

결재/결제

아직 부장님의 <u>결재(○)/결제(×)</u>가 안 났다.

결재(決裁)   정할 권한이 있는 상관이 부하가 제출한 안건을 검토하여
허가하거나 승인함.
(예) 결재 서류

결제(決濟)   증권 또는 대금을 주고받아 매매 당사자 사이의 거래
관계를 끝맺는 일.
(예) 어음 결제, 결제 자금

'결재'와 '결제'는 혼동해서 쓰이는 경우가 많은 말이지만 의미
차이가 있습니다. '결제'는 금전 등 거래 관계와 관련된 말이고,
'결재'는 윗사람의 허가나 승인과 관련된 말입니다.

'결재'는 '안건을 결재하여 허가함'이라는 의미의 '재가(裁可)'
와 비슷한 말입니다. 이때 '결재'의 '재'와, '재가'의 '재'는 같
은 글자입니다. '제가'라고 쓰지 않기 때문에 '재'를 기억해 두
면 사용할 때 헷갈리지 않을 것입니다.

구레나룻/구렛나루

태준은 구레나룻(○)/구렛나루(×)이 덥수룩했다.

나룻 성숙한 남자의 입 주변이나 턱 또는 뺨에 나는 털.

'구레나룻'은 '귀밑에서 턱까지 잇따라 난 수염'을 의미합니다. '구레'는 소나 말의 목에서 고삐에 걸쳐 얽어매는 줄을 나타내는 '굴레'의 옛말이며, '나룻'은 수염을 뜻하는 순우리말(고유어)입니다. 따라서 '구레나룻'은 소나 말에 씌우는 굴레처럼 난 수염이란 뜻으로 만든 말입니다.

일상 대화에서 흔히들 '구렛나루'로 잘못 쓰는 경우가 많이 있습니다. 수염을 의미하는 '나룻' 앞에 '구레'가 붙은 말로 기억하시면 헷갈리지 않습니다.

체언

구명/규명

무엇보다 사고의 원인 구명(✕)/규명(○)이 선행되어야 한다.

구명(究明)   사물의 본질, 원인 따위를 깊이 연구하여 밝힘.
              (예) 고대 유물에 대한 문제의 **구명**에서 중요한 것은 객관적인
              자료의 뒷받침이다.

규명(糾明)   어떤 사실을 자세히 따져서 바로 밝힘.
              (예) 주민들은 사건의 진상 **규명**을 촉구하였다.

'규명'은 사실 관계를 자세히 따져서 밝혀내는 것이고, 진실 규명, 원인 규명처럼 쓰입니다. 이에 비해 '구명'은 연구를 통해 사물의 본질을 밝혀내는 것입니다. '규명'과 '구명'은 구별해서 써야 합니다.

구분/구별

요즘 옷은 남녀의 <u>구분(×)/구별(○)</u>이 없는 것이 많다.

구분(區分)   일정한 기준에 따라 전체를 몇 개로 갈라 나눔.
(예) 단합을 위한 자리에서 선배와 후배의 **구분**이 무슨 의미가 있겠는가?

구별(區別)   성질이나 종류에 따라 차이가 남. 또는 성질이나 종류에 따라 갈라놓음.
(예) 조선시대에는 신분의 **구별**이 엄격한 세상이었다.

'구분하다'와 '구별하다'는 일상 대화에서 많이 혼동해서 사용하는 단어입니다.

'구분하다'는 '일정한 기준에 따라 전체를 몇 개로 갈라 나누다'라는 뜻이고, '구별하다'는 '성질이나 종류에 따라 나타나는 차이를 갈라놓다'라는 뜻입니다.

즉, '구분하다'는 <u>어떤 하나를 몇 개로 나누는 것</u>에 초점이 놓여 있고, '구별하다'는 <u>나누어진 각각의 것들에서 차이를 인식한다는 것</u>에 초점이 놓여 있다고 할 수 있습니다.
(예) 서정시와 서사시의 **구분**은 상대적일 뿐입니다. 하지만 모름지기 문학도라면 적어도 둘의 차이는 **구별**할 줄 알아야 합니다.

체언

귓볼/귓불

부끄러워서 그런지 괜히 귓볼(✕)/귓불(○)이 붉어졌다.

'귓바퀴의 아래쪽에 붙어 있는 살'을 의미하는 말로 많은 사람이 '귓볼'을 쓰고 있지만 이는 잘못된 표현입니다. 올바른 표현은 '귓불'입니다. '볼'은 '뺨의 한복판'을 일컫는 말입니다.

'귓불'은 '귀＋불'의 형태입니다. 이때 '불'은 '불알'의 줄임말로, 음낭(陰囊)의 순우리말입니다. 충청도, 강원도, 경기도 등지에 가면 지금도 귓불을 '귀불알/구이불알'이라고 말합니다.

'귓불'의 의미로 '귓방울'을 쓰기도 하지만 표준어가 아닙니다. 또한 잘못 사용하고 있는 말로 '귓밥'이 있습니다. '귓구멍 안에 낀 때'를 가리키는 말은 '귓밥'이 아니고, '귀지'입니다. '귓밥'은 '귓불'과 같은 말입니다.

아울러 '귀지'를 파내는 도구는 '귀이개'입니다. 흔히 말하는 '귀쏘시개/귀쑤시개/귀파개/귀후지개'는 모두 표준말이 아닙니다.

그만두다/고만두다/간두다/관두다

성필은 회사를 <u>그만두면(○)/고만두면(○)/간두면(○)/관두면(○)</u> 봉사 활동에 더 전념할 계획이다.

'그만두다/고만두다/간두다/관두다'는 모두 '하던 일을 그치고 안 하다' 또는 '할 일이나 하려고 하던 일을 안 하다'의 의미입니다.

'고만두다'는 '그만두다'보다 작은 느낌의 말입니다.

그리고 '간두다'는 '그만두다'의 준말입니다.

마찬가지로, '관두다'는 '고만두다'의 준말입니다.

　(예 1) 이제 이런 장난은 **고만둘** 때도 되지 않았니?

　(예 2) 속 그만 썩이고 조용히 **간두는** 게 좋겠어.

　(예 3) 하기 싫으면 **관둬**.

금슬/금실

저 부부는 참 금슬(○)/금실(○)이 좋다.

'금슬(琴瑟)'은 '거문고와 비파를 아울러 이르는 말'로 사이가 좋은 부부간의 사랑이 마치 거문고와 비파가 어우러진 것 같다는 데서 유래하였습니다. 거문고와 비파의 음률이 잘 어울린다는 뜻인 '금슬지락(琴瑟之樂)'을 어원으로 합니다.

그러나 음운 변화 및 의미 변화를 겪어 현대 국어에서는 '부부간의 사랑'을 나타낼 때 '금실'로 많이 쓰입니다. 그래서 원말인 '금슬'과 함께 '금실'도 표준어로 인정하고 있습니다. 그러나 거문고와 비파를 나타낼 때는 원래대로 '금슬'을 써야 합니다.

껍질/껍데기

귤 껍질(○)/껍데기(×)을/를 깠다.

껍질   물체의 겉을 싸고 있는 단단하지 않은 물질 (외피가 부드러운 것).

껍데기 1   달걀이나 조개 따위의 겉을 싸고 있는 단단한 물질 (외피가
딱딱한 것).
껍데기 2   알맹이를 빼내고 겉에 남은 물건. (예) 이불 껍데기를 갈았다.

'껍질'과 '껍데기'는 일상생활에서 많이 혼동해서 쓰는 말입니다. '껍질'은 귤, 양파, 바나나처럼 겉을 싸고 있는 단단하지 않은 물질이라는 뜻이고, '껍데기'는 조개, 달걀처럼 겉을 싸고 있는 단단한 물질이라는 뜻을 나타냅니다. '껍질'은 주로 '까다' '벗기다'와, '껍데기'는 '깨다'와 호응해서 많이 쓰입니다.

나무꾼/나뭇군

나무꾼(○)/나뭇군(×)과 선녀

'나무'와 '군' 사이에 사이시옷 'ㅅ'을 첨가해서 '나뭇군'으로 생각하는 경우가 많습니다. 그런데 사이시옷은 합성어(단어+단어) 사이에서 나타나는 현상입니다.

'나무꾼'은 파생어입니다. '나무'에 '어떤 일을 전문적으로 하는 사람' 또는 '어떤 일을 습관적으로 하는 사람'의 뜻을 더하는 접미사 '-꾼'이 붙은 형태입니다.

그렇다면, '나무군'이 맞을까요? '나무꾼'이 맞을까요?

'꾼'과 '군'은 '꾼'으로 통일하여 표기합니다. 그래서 '나무군'이 아닌, '나무꾼'이 올바른 표기입니다.

다른 예를 살펴보겠습니다.

    (예 1) –꾼 : 낚시꾼, 구경꾼

    (예 2) –깔 : 맛깔, 빛깔, 성깔, 때깔

    (예 3) –때기 : 귀때기, 볼때기

    (예 4) –빼기 : 곱빼기, 코빼기

    (예 5) –꿈치 : 발꿈치, 팔꿈치

    (예 6) –쩍다 : 수상쩍다, 겸연쩍다, 멋쩍다

예외가 있습니다.

1. 된소리로 발음하지만 ' ㄱ / ㅂ ' 받침 뒤의 된소리는 표기에 반영하지 않습니다.

    (예) 뚝배기, 언덕배기

2. 된소리로 발음되지만, 표기에 반영하지 않는 단어도 있습니다.

    (예) ~발 : 조명발, 화장발, 운발, 말발

체언

나래/날개

희망의 나래(○)/날개(○)를 펴라.

날개 1 새나 곤충의 몸 양쪽에 붙어서 날아다니는 데 쓰는 기관
　　　　(예) 독수리가 **날개**를 펼치며 날아올랐다.
날개 2 공중에 잘 뜨게 하기 위하여 비행기의 양쪽 옆에 단 부분
　　　　(예) 비행기 **날개**에 햇빛이 반사되어 빛났다.
날개 3 선풍기/풍차 등의 몸통에 달려 바람을 일으키도록 만들어 놓은
　　　　부분
　　　　(예) 강가에 있는 풍차의 **날개**가 아주 웅장하고 멋있다.

과거에는 '날개'만 표준어였지만, 2011년 '나래'도 표준어로 인
정되며 복수 표준어가 되었습니다. '날개'는 날아다니는 데 쓰
는 기관이나 비행기 양쪽 부분을 의미하는 말입니다. '나래'도
'날개'를 나타내는 말이지만, 주로 문학 작품에서 많이 쓰입니
다. '날개'보다 부드러운 어감을 줍니다.

헷갈리는 표현

너비/넓이

양발을 어깨 <u>너비(○)/넓이(×)</u>로 벌려라.

너비   평면이나 넓은 물체의 가로로 건너지른 거리
    (예) 강의 **너비**는 좁은 곳도 100미터가 넘었다.

넓이   일정한 평면에 걸쳐 있는 공간이나 범위의 크기
    (예) 우리 집 앞에는 1,000평 **넓이**의 공터가 있다.

'너비'와 '넓이'는 혼동해서 잘못 쓰이는 경우가 많은데 구별해서 사용해야 하는 말입니다.

'너비'는 한 마디로 '가로 거리(길이)'를 말합니다.
    (예 1) 옷의 가슴너비
    (예 2) 너비가 120센티미터인 책상

'넓이'는 공간이나 범위의 크기를 뜻합니다.
    (예 1) 사다리꼴 넓이 구하기
    (예 2) 우리 집에서 안방 넓이가 제일 넓다.

늑장/늦장

늑장(○)/늦장(○) 피우다가 지각하겠다.

한 가지 의미를 나타내는 형태 몇 가지가 널리 쓰이며 표준어 규정에 맞으면, 그 모두를 표준어로 삼습니다. '늑장'과 '늦장' 모두 널리 쓰이므로 둘 다 표준어로 삼고 있습니다.

'늑장'과 '늦장'은 둘 다 '느릿느릿 꾸물거리는 태도'를 이르는 말이며 다음과 같이 씁니다.

  (예 1) 늑장(을) 부리다. / 늦장(을) 부리다.
  * 이때, '부리다'는 '행동이나 성질 따위를 계속 드러내거나 보이다'는 의미입니다.
  (예 2) 늑장 피우다. / 늦장 피우다.
  * 이때, '피우다'는 '(일부 명사와 함께 쓰여) 그 명사가 뜻하는 행동이나 태도를 나타내다'라는 의미입니다.

'늦장(늑장)'과 '부리다' '피우다'는 각각의 단어이므로 띄어 써야 합니다.

대꾸/댓구

묻는 말에 <u>대꾸(○)/댓구(✕)</u>도 없이 나가 버렸다.

댓구   대구(**對句**)의 비표준어.

대구(對句)   말의 가락과 표현이 비슷한 어구를 나란히 늘어놓음.
        또는 그렇게 짝 지은 둘 이상의 글귀.
        (예) **대구**로 이뤄진 속담 중에 이런 게 있어. '콩 심은 데 콩
        나고, 팥 심은 데 팥 난다.'

대꾸   남의 말을 듣고 그대로 받아들이지 아니하고 그 자리에서
        제 의사를 나타냄. 또는 그 말.
        (예) 그는 묻는 말에 아무 **대꾸**도 없이 밖으로 나가 버렸다.

한자어 사이에서는 사이시옷 현상이 발생하지 않으므로 '댓구'
라는 말은 없습니다. '대구(對句)'는 말 그대로 문장이나 글귀
가 서로 마주 대하고 있다는 의미입니다.

  (예 1) 낮말은 새가 듣고, 밤말은 쥐가 듣는다.
  (예 2) 웃으며 시작하고, 웃으며 끝마쳐라.

☞

'대꾸'는 '대답'과 유사한 의미입니다. 다만, 상대가 묻거나 요구하는 것에 대하여 해답이나 제 뜻을 말하는 것을 '대답'이라 하고, 상대의 말을 그대로 받아들이지 아니하고 제 의사를 나타내는 것을 '대꾸'라 합니다.

(예) 철수는 영희가 묻는 말에 침묵을 지켰다. **대답**할 말도 없었지만, **대꾸**를 안 하는 게 **대답**이 될 수도 있다고 생각했다.

도긴개긴/도찐개찐

A형이나 B형이나 <u>도긴개긴(○)/도찐개찐(×)</u>이다.

도긴개긴　윷놀이에서 도로 남의 말을 잡을 수 있는 거리나 개로 남의
　　　　　말을 잡을 수 있는 거리는 별반 차이가 없다는 뜻으로,
　　　　　조금 낫거나 못한 정도의 차이는 있으나 본질적으로는
　　　　　비슷비슷하여 견주어 볼 필요가 없음을 이르는 말.

도찐개찐　'도긴개긴'의 틀린 표기.

'큰 차이가 없다'는 의미로 일상 생활에서 '도찐개찐'과 '도낀
개낀'이라는 말을 사용합니다. 하지만 둘 다 바른 표기가 아닙
니다. '도긴개긴'으로 써야 합니다.

이때 '긴'은 윷놀이에서 자기 말로 남의 말을 쫓아 잡을 수 있는
길의 거리를 뜻하는 말입니다.

체언

비슷한 형태의 말로 '도나캐나'가 있습니다. 이를 '도나 캐나/도나 캐나/되나캐나'로 쓰는 경우가 있는데 이른 바른 표기가 아닙니다.

도나캐나 <부사> 하찮은 아무나. 또는 무엇이나.
  (예 1) **도나캐나** 마구 지껄여 대는구나.
  (예 2) 옷 장사가 잘된다고 하니 **도나캐나** 나선다.

뒤치다꺼리/뒤치닥거리

아이들 뒤치다꺼리(○)/뒤치닥거리(✕)로 힘든 하루였다.

뒤치다꺼리 1 뒤에서 일을 보살펴서 도와주는 일.
(예) 애들 **뒤치다꺼리**에 바쁘다.

뒤치다꺼리 2 일이 끝난 뒤에 뒤끝을 정리하는 일.
(예) 회의가 끝난 뒤에 그들은 남은 **뒤치다꺼리**를 하려고 늦게까지 남아 있었다.

한 단어 안에서 뚜렷한 까닭 없이 나는 된소리(경음)는 다음 음절의 첫소리를 된소리로 적습니다. 예를 들어 살펴보겠습니다.

1. 두 모음 사이에서 나는 된소리
   (예) 소쩍새, 오빠, 으뜸, 아끼다, 기쁘다, 깨끗하다, 가끔, 거꾸로, 어찌, 이따금 등

2. 'ㄴ/ㄹ/ㅁ/ㅇ' 받침 뒤에서 나는 된소리
   (예) 산뜻하다, 잔뜩, 살짝, 훨씬, 담뿍, 움찔, 몽땅, 엉뚱하다 등

3. 다만, 'ㄱ/ㅂ' 받침 뒤에서 나는 된소리는 같은 음절이나 비슷한 음절이 겹쳐 나는 경우가 아니면 된소리로 적지 아니합니다.
   (예) 국수, 깍두기, 딱지, 싹둑, 법석, 갑자기, 몹시 등

체언

'뒤치다꺼리'는 [뒤치다꺼리]로 '꺼'가 된소리로 발음되고, 그 앞말의 형태가 분명하지 않으므로 '뒤치닥거리'가 아닌 '뒤치 다꺼리'로 적습니다.

딴죽/딴지

무슨 일이든 일이 잘되려고 하면 꼭 딴죽(✕)/딴지(○)를 놓는
사람들이 있다.

딴죽　이미 동의하거나 약속한 일에 대하여 딴전을 부림을 비유적으로
　　　　이르는 말.
　　　　(예) 약속해 놓고 이제 와서 **딴죽**을 치면 어떻게 하니?

딴지　일이 순순히 진행되지 못하도록 훼방을 놓거나 어기대는 것.
　　　　(예) 이번 일에 자꾸 **딴지**를 걸지 마라.

'딴죽'은 애초에 씨름이나 태껸 같은 운동에서 발로 상대편을
넘어뜨리는 기술이라는 의미입니다. 이미 동의하거나 약속한
일에 대해 딴전을 부린다는 비유적 의미로 쓰입니다. 이에 비해
'딴지'는 주로 훼방을 놓거나 어기대는 것을 의미합니다.

떼거리/떼거지

그 친구들은 항상 떼거리(○)/떼거지(×)로 몰려다닌다.

떼거리 '떼'를 속되게 이르는 말.
          (예) **떼거리**로 몰려다닌다.

떼거지 떼를 지어 다니는 거지. 천재지변 따위로 졸지에 헐벗게 된
          많은 사람을 비유적으로 이르는 말.
          (예) 전쟁으로 그 도시 사람들은 하루아침에 **떼거지**가 되었다.

'떼거리'가 '목적이나 행동을 같이하는 무리'를 뜻하는 '떼'를
속되게 이르는 말이지만 '많은 사람이 우르르 몰려다닌다'라는
의미의 표준어입니다. '떼거지'는 말 그대로 '떼를 지어 다니는
거지'를 뜻합니다.

뜨락/뜰

이사 간 집에는 뜨락(○)/뜰(○)이 있다.

뜨락 1 '뜰'과 같은 뜻.
    (예) 어린 딸이 **뜨락**에서 그네를 타며 놀고 있다.
뜨락 2 (주로 '-의 뜨락' 구성으로 쓰여) 앞말이 가리키는 것이
    존재하거나 깃들어 있는 추상적 공간을 비유적으로 이르는 말.
    (예) 행복의 뜨락 / 내 마음의 **뜨락**

뜰   집 안의 앞뒤나 좌우로 가까이 딸려 있는 빈터.
    (예) 집 뒤쪽의 **뜰**을 가꾸는 게 아버지의 유일한 낙이다.

'뜰'과 '뜨락'은 둘 다 표준어입니다. 과거에는 '뜰'만 표준어였
지만 2011년부터 '뜨락'도 복수 표준어가 되었습니다.

'뜰'과 '뜨락'은 집 안 가까이 딸려 있는 빈터를 뜻합니다. 다만
'뜨락'은 추상적 공간을 비유하는 말로도 쓰입니다.
    (예) 도서관은 지혜의 뜰(×) – 도서관은 지혜의 뜨락(○)

체언

만두소/만두속

역시 만두는 <u>만두소(○)/만두속(×)</u>를 많이 넣어야 맛있다.

소 1 송편이나 만두 따위를 만들 때, 맛을 내기 위하여 익히기 전에
　　　 속에 넣는 여러 가지 재료. 송편에는 팥이나 콩·대추·밤 따위를
　　　 사용하고, 만두에는 고기·두부·채소 따위를 사용한다.
　　　 (예) 만두에 **소**를 적게 넣으면 맛이 없다.
소 2 통김치나 오이소박이김치 따위의 속에 넣는 여러 가지 재료.
　　　 (예) **소**를 많이 넣어서인지 김치 맛이 좋다.

'속'은 어떤 것의 안쪽을 뜻합니다. '겉'의 반대말입니다. '만두
속'이나 '김치속'은 말 그대로 만두의 안쪽, 김치의 안쪽을 말
합니다.

만두나 김치 등의 속에 넣는 양념이나 고명을 의미하는 말은
'속'이 아니고 '소'입니다. 따라서 '만두속' '김치속'으로 잘못
쓰고 있지만, '만두소' '김치소'라고 해야 합니다.

'김치속을 버무린다'나 '김치속을 넣는다'는 말도 '김치소를 버무린다'나 '김치소를 넣는다'로 써야 합니다.

다른 예로, '오이소박이'가 있습니다. '오이소박이'는 '오이＋소＋박이' 형태입니다. '오이'에다가 부추와 양파 등으로 만든 양념인 '소'를 끼워 넣은 김치를 말합니다.

체언

며칠/몇 일

며칠(○)/몇 일(✕) 후에 다시 만나자.

한국 사람도 가장 많이 틀리는 표기 중 하나가 '며칠'입니다. '몇 일/몇일'로 표기하는 경우를 흔히 볼 수 있습니다. 하지만, 한국어에서 '몇 일'로 쓰는 경우는 없습니다. 항상 '며칠'로 써야 합니다.

'며칠'이 '몇 + 일'의 구성이라면, '일(日)'이 명사이므로 [며 딜]로 소리 나야 합니다. 그런데 [며딜]이 아닌 [며칠]로 소리가 납니다. 이것은 '며칠'이 관형사 '몇'에 명사 '일'이 결합한 구성이 아니라는 것을 말해 줍니다.

어원이 분명하지 않은 것은 그 원형을 밝혀 적지 않고, 그 발음대로 표기합니다. 그러므로 [며칠]로 소리 나는 이 단어는 소리 나는 대로 '며칠'로 적는 것이 맞습니다.

   (예 1) 오늘이 **몇 월 며칠**이지?
   (예 2) **며칠** 만에 집으로 돌아왔다.

먹거리/먹을거리

시장에 가서 <u>먹거리(○)/먹을거리(○)</u>를 장만했다.

먹거리   사람이 살아가기 위하여 먹는 온갖 것.

    (예) 전통 **먹거리** / 안전한 **먹거리** / 지역의 **먹거리** 문화

먹을거리   먹을 수 있거나 먹을 만한 음식 또는 식품.

    (예) 깊은 산 속에서는 매일 매일 **먹을거리**를 마련하는 일이 쉽지
    않다.

과거에는 '먹을거리'만 표준어였지만, 2011년부터 '먹거리'도 복수 표준어가 되었습니다. 두 단어는 비슷한 형태이지만 사용하는 경우가 다릅니다.

'먹을거리'는 먹을 수 있거나 먹을 만한 음식이나 식품을 뜻하는 말로, 다음과 같이 쓰입니다.

    (예) 전통 시장에는 각종 볼거리와 **먹을거리**가 가득하다.

이에 비해 '먹거리'는 사람이 살아가기 위하여 먹는 온갖 것을 뜻하는 말로, 다음과 같이 쓰입니다.

    (예) 환경 오염으로 인해 안전한 **먹거리**에 관한 사람들의 관심이 높아지고
    있다.

체언

몰매/물매/뭇매

그는 불량배들에게 몰매(○)/물매(○)/뭇매(○)를 맞고
병원으로 실려 갔다.

'몰매/뭇매/물매'는 '여러 사람이 한꺼번에 덤비어 때리는 매'
라는 뜻입니다. 세 단어가 모두 같은 뜻입니다.

   (예 1) 동네 사람들이 귀중품을 훔쳐 달아나던 도둑을 붙잡아 **뭇매**를
   때렸다.
   (예 2) 양반집 하인들에게 **물매**를 맞고 앓아누웠다.

무동/무등

조카는 유독 <u>무동(○)</u>/무등(×) 타는 걸 좋아한다.

무동(舞童)   조선 시대에, 궁중의 잔치 때 춤을 추고 노래를 부르던
아이. 또는 농악대·걸립패 따위에서, 상쇠의 목말을 타고
춤추고 재주 부리던 아이.

무등(無等) 1   등급이나 차별이 없음.
(예) 그들은 말 그대로 평등 또는 <u>**무등**</u>의 세계를 만들고자
하였다.

무등(無等) 2   <부사> 그 이상 더할 수 없을 정도로.
(예) 10년 만에 아이를 낳으니 애 아버지가 <u>**무등**</u>
좋아하더군요.

아이를 어깨 위로 올려 태우는 것을 '무등 태우다'로 잘못 쓰는
경우가 있습니다. 올바른 표현은 '무동 태우다' 입니다.

농악에서 여자 옷을 입은 남자아이가 사람 어깨 위에 올라서서
아랫사람이 춤추는 대로 따라 추는 놀이가 있었는데, 이때 어깨
위에 올라선 아이를 '무동(舞童)'이라고 했습니다. 이로부터 어
깨 위에 사람을 올려 태우는 것을 '무동 태우다'라고 부릅니다.

체언

같은 뜻을 지닌 순우리말로는 목뒤로 말을 태우듯이 한다고 해서 생겨난 '목말 태우다'라는 말이 있습니다. 이를 '목마(木馬) 태우다'로 쓰는 일이 흔히 있는데 '목마'는 나무로 말의 모양을 깎아 만든 물건이므로 잘못된 표현입니다.

바람/바램

그녀의 간절한 바람(○)/바램(×)이 이루어졌다.

바래다 볕이나 습기를 받아 색이 변하다.
(예) 햇볕을 오래 쬐었더니 색이 **바랬다**.

바라다 어떤 일이나 상태가 이루어지거나 그렇게 되었으면 하고 생각하다.
(예) 합격을 **바라는** 간절한 마음으로 기도했다.

'바람'은 동사 '바라다'의 '바라'에 명사형 어미 'ㅁ'이 붙은 파생명사입니다. 따라서 '어떤 일이 이루어지기를 기다리는 마음'을 나타낼 때 '바램'이 아닌 '바람'으로 써야 합니다.

이에 비해 '바램'은 '바래다'의 '바래'에 'ㅁ'이 붙은 파생명사입니다. '청바지 색이 바램'과 같이 '색이 변하다'라는 의미를 나타낼 때 사용합니다.

흔히 '바람'을 써야 할 때 '바램'으로 잘못 쓰는 경우가 있지만, 두 단어는 기본형의 의미가 다르므로 구별해서 사용해야 합니다.

체언

참고로, 〈표준어 규정〉 제11항에서, "다음 단어에서는 모음의 발음 변화를 인정하여 발음이 바뀌어 굳어진 형태를 표준어로 삼는다"라고 하고, '바라다'를 표준으로 삼고, '바래다'를 버린 다고 규정하고 있습니다. 같은 사례로 '나무라다'가 있습니다 ('나무래다'는 비표준어).

한 가지 더 덧붙이면, 모음 'ㅏ/ㅓ'로 끝난 어간에 '-아/-어/-았/-었'가 어울릴 적에는 준 대로 적는다는 한글 맞춤법 규정 이 있습니다. 이에 따라 '바라다'의 활용형 '바라아'는 '바라'로 쓰는 것이 맞습니다.

같은 사례를 들어 보겠습니다.

  (본말) 가아 → (준말) 가
  (본말) 펴어 → (준말) 펴
  (본말) 타았다 → (준말) 탔다

마지막으로, '바라다'의 과거형도 '바랐다'가 맞습니다. '바랬 다'는 틀린 표기입니다.

반증/방증/증거

그의 주장은 논리가 워낙 치밀해서 <u>반증(○)/방증(×)/</u>
<u>증거(×)</u>을 대기가 어렵다.

반증(反證) 1   어떤 사실이나 주장이 옳지 아니함을 그에 반대되는
                    근거를 들어 증명함. 또는 그런 증거.
                  (예) 우리에겐 그 사실을 뒤집을 만한 반증이 없다.

반증 2   어떤 사실과 모순되는 것 같지만, 거꾸로 그 사실을 증명하는 것.
                  (예) 그들이 이토록 조용한 것은 더 큰 음모를 꾸미고 있는 반증이다.

방증(傍證)   사실을 직접 증명할 수 있는 증거가 되지는 않지만, 주변의
                  상황을 밝힘으로써 간접적으로 증명에 도움을 줌. 또는 그
                  증거.
                  (예) 이번 연구 결과는 최 교수님이 우리 역사 연구의 독보적인
                  존재라는 하나의 방증이 될 수 있을 것이다.

증거(證據)   어떤 사실을 증명할 수 있는 근거.
                  (예) 그는 증거 부족으로 석방되었다.

체언

반증, 방증, 증거는 단어의 의미를 고려하여 문맥에 맞게 알맞은 단어를 써야 합니다.

예를 들어,

① '어떤 사실'이 'A라는 사건이 발생한 원인'을 그대로 보여 주고 있다면, 그 '어떤 사실'은 'A라는 사건이 발생한 원인'의 '증거'가 됩니다.

② '어떤 사실'이 'A라는 사건이 발생한 이유'를 간접적으로 증명하는 증거가 된다면, 그 '어떤 사실'은 'A라는 사건이 발생한 원인'의 '방증'이 됩니다.

③ '어떤 사실'이 'A라는 사건이 발생한 이유'와 반대되는 것을 보여 준다면, 그 '어떤 사실'은 'A라는 사건이 발생한 원인'의 '반증'이 됩니다.

헷갈리는 표현

발달/발전

경제 발달(✕)/발전(○)이 국민 의식의 성장에 미치는 영향이 크다.

발전(發展) 1   더 낫고 좋은 상태나 더 높은 단계로 나아감.
　　　　　　　(예) 그는 과학의 **발전**에 헌신한 공로로 훈장을 받았다.
발전 2   일이 어떤 방향으로 전개됨.
　　　　　　　(예) 그들의 관계가 시작 단계를 지나 이제 **발전** 단계로 접어들었다.

발달(發達) 1   신체, 정서, 지능 따위가 성장하거나 성숙함.
　　　　　　　(예 1) 청소년기의 남자는 신체의 **발달** 속도가 빠르다.
　　　　　　　(예 2) 음악은 아이의 정서적 **발달**에 도움을 준다.
발달 2   학문, 기술, 문명, 사회 따위의 현상이 보다 높은 수준에 이름.
　　　　　　　(예) 통신 산업의 **발달**로 원거리 통신이 훨씬 편리해졌다.

'발전'과 '발달'의 의미를 명확히 구분해서 사용하는 게 쉽지 않습니다. 대체로 '발전'은 보다 못한 상태에서 더 나은 상태로 넘어가는 과정 또는 작은 상태에서 더 큰 상태로 가는 과정에 주된 의미가 있습니다. 이에 비해 '발달'은 주로 일정한 수준에 다다른 상태를 가리킵니다.

'발달'은 과정이 아닌 상태라는 점에서 '발전'과 구별됩니다.

체언

기술의 발전, 대학의 발전, 제도의 발전 등은 기술, 대학, 제도 등이 이전보다 더 나아졌다는 의미이고, 기술의 발달, 대학의 발달, 제도의 발달은 그것들이 현재 상당한 수준에 이른 것을 의미합니다.

(예 1) 중세 베니스에는 무역을 통한 상업이 **발달**하였다.

(예 2) 열 명 남짓한 소규모 모임으로 시작한 산악회가 백 명이 넘는 큰 모임으로 **발전**했다.

그런데 '발달'도 어떤 단계에서 다음 단계로 넘어가는 과정을 뜻하기도 합니다. 그러나 이 경우 단순히 과정이 넘어가는 데 주된 의미가 있을 뿐 '발전'처럼 보다 못한 단계에서 더 나은 단계로 나아간다는 의미는 없습니다. 이 점에서 '발달'이 '발전'과 매우 유사하면서도 차이점이 있습니다.

(예) 언어의 발달 / 종교의 발달

* 언어는 시간에 따라 단지 한 단계에서 다음 단계로 이행하는 것이지 점점 나아진다는 의미는 없음. 따라서 '언어의 발전'은 틀린 표현임.

* '종교의 발전'은 틀린 표현임. '종교의 변천'으로 바꿔 쓸 수 있음.

발자국/발걸음 소리

발자국(×)/발걸음(○) 소리만 들어도 누군지 알 수 있다.

발자국 1   발로 밟은 자리에 남은 모양.

        (예) 모양으로 짐작건대 짐승의 발자국이 틀림없다.

발자국 2   (수량을 나타내는 말 뒤에 쓰여) 발을 한 번 떼어 놓는 걸음을 세는 단위.

        (예) 서로 한 발자국도 뒤로 물러서지 않았다.

'발자국'은 '발로 밟은 자리에 남은 모양' 또는 '발을 한 번 떼어 놓는 걸음을 세는 단위'를 의미하는 말입니다. 따라서 '발자국'은 소리를 낼 수가 없습니다. '발자국 소리'가 아닌 '발소리' 또는 '발걸음 소리'로 써야 합니다.

보존/보전

모든 정부 부처는 공문서 <u>보전(×)/보존(○)</u> 기간을 준수해야
합니다.

보존(保存)   잘 보호하고 간수하여 남김.
　　　　　　(예) 문화재 **보존** / 종족 **보존** / 유물 **보존**

보전(保全)   온전하게 보호하여 유지함.
　　　　　　(예) 생태계 **보전** / 환경 **보전** / 영토 **보전**

'보존(保存)'과 '보전(保全)'은 각각 홀로 쓰이는 경우가 잘 없
으며, 의미 차이도 크게 드러나지 않습니다. 문맥에 따라 환경
을 '보존'해야 한다고 말하기도 하고, '보전'해야 한다고 말하
기도 합니다. 그렇지만 각 단어의 의미를 참고해서 문맥에 맞게
사용해야 합니다.

'보존'은 '존(存)'이라는 한자가 '존재하다'와 연관되어, 사물
이나 기록을 <u>그대로 존재하게 하려는 뜻</u>이 강조됩니다. 이에 비
해 '보전'은 '전(全)'이라는 한자가 '온전하다'의 의미를 담기
때문에 <u>자연 상태나 원래의 상태를 유지하려는 적극적인 보호
의 의미</u>가 강조됩니다.

대개 문화재는 '보존'해야 한다고 말하고, 영토는 '보전'해야 한다고 합니다. 문화재의 '보존'은 그대로 놔두면 훼손될 우려가 있다는 점에서 그 대상을 잘 관리하고 지켜서 유지한다는 의미이고, 영토 '보전'은 현재의 상태를 지켜서 앞으로도 온전히 같은 상태에 있게 한다는 의미가 있습니다.

즉, '보존'은 대상의 원형을 유지하면서 오래도록 그 형태나 본질을 지키는 데 초점을 두며, '보전'은 대상이 온전하고 처음 상태를 유지하도록 관리하고 보호하는 데 초점을 둡니다.

(예 1) 이 유적지는 특별히 **보존되어야** 할 가치가 있다.

(예 2) 고대 문서는 온도와 습도를 적절히 조절하여 **보존해야** 한다.

(예 3) 자연환경을 **보전하는** 것은 미래 세대를 위한 필수적인 조치이다.

(예 4) 농수산물 유통 생태계를 **보전하는** 다양한 정책이 요구된다.

체언

비고난/비고란

추가 내용은 비고난(✕)/비고란(○)에서 확인 부탁드립니다.

'-난'과 '-란'은 '구분된 지면'의 뜻을 나타내는 말로, 고유어와 외래어 명사 뒤에는 '-난'을 쓰고, 한자어 뒤에는 '-란'을 쓰면 됩니다.

   (예 1) 어린이난, 가십난, 칼럼난
   (예 2) 독자란, 비고란, 정답란

헷갈리는 표현

빈털터리/빈털털이

그는 결국 <u>빈털터리(○)/빈털털이(×)</u>로 쫓겨났다.

보통 단어의 끝에 '-이'가 붙으면 사람을 의미하는 경우가 많아서 '빈털털이'로 표기하는 때가 많습니다. 하지만 '빈털털이'는 잘못된 표기이며, '빈털터리'가 맞습니다.

'빈털터리'는 '본래부터 가지고 있는 재물이 거의 없는 사람 또는 있던 재물을 다 써 없애서 가진 게 없게 된 사람'을 뜻하는 '털터리'란 말에서 유래합니다. '털터리'라는 말을 강조하기 위해 앞에 '빈'이 붙어서 '빈털터리'가 된 것입니다.

(예) 그는 몇 년 동안 계속 놀고 지내더니 결국 **털터리**가 되었다.

그런데 '털터리'라는 말은 '아무것도 남지 아니하게 죄다 털어내는 모양'을 뜻하는 부사 '털털'에 접미사 '-이'가 붙어서 형성된 명사입니다. 이때 '털털'이라는 본뜻이 사라지고, '가난'을 뜻하는 단어로 바뀌게 됩니다.

체언

어간에 '-이'나 '-음'이 붙어서 명사로 바뀐 것이라도 그 어간의 뜻과 멀어진 것은 원형을 밝혀 적지 않습니다. 따라서 '털털이'로 적지 않고 '털터리'로 적습니다.

같은 예로 다음과 같은 단어가 있습니다.

   (예 1) 굽도리 (굽+돌+이) : 방 안 벽의 밑부분 또는 거기에 바르는 종이

   (예 2) 목거리 (목+걸+이) : 목이 붓고 아픈 병

   (예 3) 코끼리 (코+길+이)

   (예 4) 노름 (놀+음)

사단/사달

뭔가 꺼림칙하더니만 결국 사단(×)/사달(○)이 났다.

사단 1(事端) 사건의 단서. 또는 일의 실마리.

(예) 애초에 모든 일의 **사단**이 그에게서 비롯되었다.

사단 2(社團) 특정한 목적을 위하여 두 사람 이상이 결합하여 설립한 단체.

(예) 사단 법인

사단 3(四端) 《맹자》에 나오는, 사람의 본성에서 우러나오는 네 가지 마음.

(예) 사단 : 측은지심, 수오지심, 사양지심, 시비지심

사단 4(師團) 군대 편성 단위의 하나. 군단(軍團)의 아래, 연대(聯隊) 또는 여단(旅團)의 위.

(예) 사단 병력

사달 사고나 탈.

(예) 일이 이렇게 되기까지 **사달**을 일으킨 장본인이 누구냐?

일상 대화에서 '사고나 탈이 나다'의 의미로 '사달이 나다'를 '사단이 나다'로 잘못 쓰는 경우가 많습니다. '사단'은 '사건의 단서나 일의 실마리'라는 다른 뜻의 단어입니다. 따라서 '사달이 나다'로 써야 합니다.

새알/새알심

새알(✕)/새알심(○)을 넣은 팥죽이 맛있다.

새알심 팥죽 따위에 넣어 먹는 새알만 한 덩이. 보통 찹쌀가루나 수수
가루로 동글동글하게 만든다.
(예) 동지에는 새알심을 넣은 팥죽을 호호 불며 먹는 것이 제맛이다.

보통 찹쌀가루나 수수 가루로 동글동글하게 만들어 팥죽 따위
에 넣어 먹는 새알만 한 덩이를 뜻하는 말은 '새알'이 아니고
'새알심'입니다.

여기서 '심(心)'은 '죽에 곡식 가루를 잘게 뭉치어 넣은 덩이'를
뜻하는 말입니다. '새알심'을 '옹심이'로 부르기도 하는데, '옹
심이'는 강원과 경기 지역에서 쓰는 '새알심'의 방언입니다.

헷갈리는 표현

설레임/설렘

첫 데이트를 하는 내내 설레임(×)/설렘(○)이 가득했다.

'설렘'은 '마음이 가라앉지 아니하고 들떠서 두근거리다'라는 뜻의 동사 '설레다'에 명사형 어미 'ㅁ'이 붙어서 만들어진 말입니다.

'설레이다'에서 온 것이 아니기 때문에 '설레임'이 아니라 '설렘'으로 써야 합니다.

(예 1) 내일 해외여행을 떠난다는 생각에 마음이 **설레어서** 잠이 오지 않는다.

(예 2) 집으로 돌아오는 길에 그녀를 만나러 갈 때의 **설렘**을 다시 한번 떠올려 보았다.

(예 3) 15세 소녀의 **설렘**을 잘 표현하고 있는 소설이다.

그럼 '헤매임'일까요, '헤맴'일까요? 동사 '헤매다'에서 왔으므로 '헤맴'을 써야겠지요?

체언

소고기/쇠고기

소고기(○)/쇠고기(○) 먹으러 가자.

'소고기'와 '쇠고기'는 '소의 고기'를 뜻하는 말로, 동의어입니다.

비슷한 발음을 가진 두 형태가 모두 널리 쓰이거나 국어의 일반적인 음운 현상에 따라 한쪽이 다른 한쪽의 발음을 설명할 수 있는 경우, 두 형태 모두를 표준어로 삼습니다.

'쇠-/소-'에서 '쇠-'는 전통적 표현이나, '소-'도 우세해져 두 가지를 다 쓰게 한 것입니다. '시장에 가서 쇠를 팔았다'라는 문장이 성립되지 않고 '시장에 가서 소를 팔았다'라고 해야 하는 것에서 알 수 있듯이, '쇠-'는 단순히 '소-'를 대치할 수 있는 말이 아니라 '소의'라는 뜻의 옛말 형태가 그대로 남아 있는 것입니다. 그러므로 '소의'라는 뜻의 '쇠-'는 '쇠뼈'와 같은 곳에서 쓰이고 이때 '소뼈'와 같은 복수 표준어가 인정됩니다.

'쇠고기'의 '쇠'는 '소+ㅣ'로 분석할 수 있습니다. 옛말에서 'ㅣ'는 현대의 '의'에 해당하는 말입니다. 따라서 '쇠'는 '소의'라는 뜻이고 '쇠고기/쇠가죽/쇠기름' 등은 각각 '소의 고기/소의 가죽/소의 기름'과 같은 의미의 말임을 알 수 있습니다.

이처럼 명사 '소'에 '고기/가죽/기름' 등을 직접 결합한 형태가 널리 쓰이게 되었습니다.
'쇠고기'와 '소고기'가 모두 널리 쓰이는 형태일뿐더러, 각각의 발음 차이가 합당한 이론으로 설명될 수 있는 것들입니다. 이러한 점을 인정하여 '쇠-'의 형태를 원칙으로 하고 '소-'의 형태도 허용함으로써 둘 다 표준어로 규정합니다.

   (예 1) **소고기**와 돼지고기
   (예 2) 쌀밥에 **쇠고기** 반찬

소나무/솔나무

강비탈에 서 있는 <u>소나무(○)/솔나무(×)</u>가 제일 먼저 눈에
띄었다.

〈한글 맞춤법〉에는 다음과 같은 규정이 있습니다.

* 제28항 : 끝소리가 'ㄹ'인 말과 딴말이 어울릴 적에 'ㄹ' 소리
가 나지 아니하는 것은 아니 나는 대로 적는다.

* 제29항 : 끝소리가 'ㄹ'인 말과 딴말이 어울릴 적에 'ㄹ' 소리
가 'ㄷ' 소리로 나는 것은 '<u>ㄷ</u>'으로 적는다.

대체로 단어의 끝소리가 'ㄹ'이고 뒷말의 첫소리가 'ㄴ/ㄷ/ㅅ/
ㅈ'인 경우, 'ㄹ'이 탈락하거나 'ㄷ'으로 바뀌는 현상이 나타납
니다.

　　(예 1) 솔 + 나무 → 소나무, 바늘 + 질 → 바느질, 달 + 달 → 다달,

　　딸 + 님 → 따님

　　(예 2) 이틀 + 날 → 이튿날, 설 + 달 → 섣달, 술 + 가락 → 숟가락

그런데 이 규칙은 항상 적용되는 규칙은 아닙니다. 다음과 같이
'ㄹ'이 탈락하지 않는 경우도 있습니다.

　　(예 1) 활 + 살 → 화살, 활 + 사냥 → 활사냥

　　(예 2) 물 + 논 → 무논, 물 + 난리 → 물난리

시청률/시청율

새 주말 연속극은 높은 <u>시청률(○)/시청율(×)</u>이 예상된다.

'-률'과 '-율'의 표기도 많이 헷갈리는 것 중의 하나입니다. '률(率)'과 '율(率)'은 비율을 뜻하는 접미사로써 그 의미는 같습니다, 다만, 본음은 '률'이지만, 소리 나는 대로 적는다는 한글 맞춤법 규정에 따라 '률'과 '율' 두 가지 형태로 표기하게 됩니다.

표기 원칙은 단순합니다.

1. 받침이 없는 모음 뒤에는 '율'로 적습니다.
   (예) 투표율, 실패율, 감소율, 이율

2. 받침이 있는 경우, '률'로 적습니다.
   (예) 경쟁률, 합격률, 성공률, 시청률

3. 단, 'ㄴ' 받침의 뒤에서는 '율'로 적습니다.
   (예) 출산율, 백분율, 할인율, 환율

받침이 없는 경우와 'ㄴ' 받침이 오는 경우에만 '율'!
어렵지 않으시죠?

체언

식해/식혜

이 생선으로 식해(○)/식혜(×)를 만들 거야.

식해 생선에 약간의 소금과 밥을 섞어 숙성시킨 식품.

　　　(예) 명태식혜(×), 가자미식혜(×) → 명태식해, 가자미식해

식혜 우리나라 전통 음료의 하나. 엿기름을 우린 웃물에 쌀밥을 말아
　　　독에 넣어 더운 방에 삭히면 밥알이 뜨는데, 거기에 설탕을 넣고
　　　끓여 차게 식혀 먹는다.

　　　(예 1) 어머니는 찹쌀로 **식혜**를 만드셨다.

　　　(예 2) 나는 여태 밥알로 만든 **식혜**와 삭힌 음식인 **식해**가 같은 음식인
　　　줄 잘못 알고 있었다.

단술은 쌀로 고두밥을 지어 엿기름물로 삭혀 먹는 쌀음료입니
다. '감주(甘酒)'나 '식혜'라고도 불립니다.

단술의 재료가 되는 엿기름에는 탄수화물 분해 효소인 아밀라
아제가 풍부하게 들어 있어 밥에 섞어 따듯한 곳에서 삭히면 밥
의 주성분인 탄수화물이 분해되어 단맛을 냅니다.

우리나라 문헌에서는 1700년대《수문사설(謏聞事說)》에서 처음
나타나고 있는데, 밥알을 띄워서 먹는 것을 식혜라 하고 다 삭
은 것을 그대로 끓여서 밥알이 가라앉은 것을 감주라고 구별하
기도 합니다.

헷갈리는 표현

실갱이/실랑이

엄마와 가게 아저씨는 물건값을 놓고 한동안 실랑이(○)/
실갱이(×)를 벌였다.

실갱이 '실랑이'의 비표준어. 전라도 방언.

실랑이 1 이러니저러니, 옳으니 그르니 하며 남을 못살게 굴거나
괴롭히는 일.
(예) 빚쟁이들한테 **실랑이**를 받는 어머니가 불쌍했다.

실랑이 2 서로 자기주장을 고집하며 옥신각신하는 일.
(예) 나는 아이들과의 **실랑이**로 몹시 피곤했다.

'실강이'는 '실랑이'의 방언입니다. 특히 전남 방언에서 '실강이/
실갱이/실겡이' 등으로 표현합니다. '실랑이'가 표준어입니다.

애당초/애시당초

<u>애당초(○)/애시당초(×)</u> 그렇게 할 생각이 없었다.

애당초(애當初)   맨 처음이라는 뜻으로, '당초'를 강조하여 이르는 말.
(예) 그는 **애당초** 그렇게 할 생각이 없었다.

애시당초   '애당초'의 비표준어.

일상 대화 중에 '맨 처음부터'라는 의미를 강조하기 위해 '애시당초'라는 표현을 흔히 사용합니다. 그런데 이것은 비표준어입니다. '애당초'가 맞습니다.

다음의 단어도 함께 살펴보시죠.

당초(當初)   일이 생기기 시작한 처음.
(예) 그 계획은 **당초**에 잘못됐다.

애초(애初)   맨 처음. '처음'이란 뜻을 강조하기 위한 접두사 '애'가 붙은 형태.
(예) 그 일은 **애초**부터 불가능한 것이었다.

어름/얼음/얾

강물에 얼음이 얾은 날씨가 몹시 춥다는 것이다. 추운 날씨로
인해 어젯밤 내린 눈이 밤새 꽁꽁 얼었다. 오늘 아침 출근길에
미끄러져서 눈두덩과 광대뼈 어름에 멍이 들었다.

'얼음'은 '얼다'에서 나온 파생명사이고, '얾'은 '얼다'에 명사
형 어미 '-ㅁ'이 붙어서 명사 구실을 하게 하는 동사의 명사형
입니다.

 (예 1) 눈이 내리고 땅이 **얾**
 (예 2) 녹지 않고 쌓인 눈이 **얼음**으로 바뀌었다.

간혹 시장의 간판에서 '어름 팝니다'처럼 '얼음'을 '어름'으로
잘못 표기한 것을 볼 수 있습니다. 하지만 '어름'은 '얼다'와는
의미상으로 전혀 관련이 없으며, '두 사물의 끝이 맞닿은 자리'
또는 '구역과 구역의 경계점'이라는 뜻을 지닌 명사입니다.

 (예) 지리산은 경상남도, 전라남도, 전라북도 **어름**에 있다.

옥석구분/옥석을 구분하다

옥석구분을 해야 한다(×)/옥석을 구분해야 한다(○).

많은 사람들이 '좋은 것과 나쁜 것을 구분하다'라는 의미로 '옥석구분'을 씁니다. 옥석구분은 한자어로 다음과 같이 쓸 수 있을 것입니다.

    ① 玉石俱焚
    ② 玉石區分

그런데 ②번의 경우는 어느 사전에서도 찾아볼 수 없습니다. 왜냐하면 이것은 《서경(書經)》에 나오는 '옥석구분(玉石俱焚)'이라는 사자성어를 사람들이 잘못 퍼뜨려 쓰는 것이기 때문입니다.

①번 '옥석구분(玉石俱焚)'은 '옥이나 돌이 모두 다 불에 탄다'라는 뜻으로, 임금이 덕을 잃게 되면 그 해악은 사나운 불보다도 더 무서워서 옳은 사람이나 그른 사람이 구별 없이 모두 재앙을 받음을 이르는 말입니다. 사람들이 옥석을 구분해야 한다는 의미로 사용하는 것과는 전혀 다른 뜻입니다.

따라서, '좋은 것과 나쁜 것을 구분하다'는 의미로 쓸 때는 '옥석구분'의 중간을 띄어서 '옥석을 구분하다'로 써야 합니다.

오랜만/오랫만

그는 오랫만(✕)/오랜만에(○) 제주도로 여행을 갔다.

오래간만　어떤 일이 있을 때로부터 긴 시간이 지난 뒤.
　　　　　　(예) 오래간만에 해외여행을 떠날 예정이다.

오랜만　'오래간만'의 준말.
　　　　　　(예) 지은 씨! 참 오랜만이네요.

오랜만에　'오랜만'에 조사 '에'가 붙은 형태.
　　　　　　(예) 오랜만에 고등학교 친구들을 만나니 너무 반가웠다.

오랫만에　'오랜만에'의 틀린 표기.

'오랜만'은 '오래간만'의 준말입니다. 이를 '오랫만'으로 쓰는 것은 '오랫동안'처럼 실질 형태소의 결합으로 착각하는 데서 나온 현상입니다. 따라서 '오랫만에'가 아닌 '오래간만에' 또는 '오랜만에'로 써야 합니다.

체언

운영 / 운용

회사 자금 운영(✕)/운용(○)은 투명성이 최우선이다.

운영(運營) 1 '조직이나 기구, 사업체 따위를 운용하고 경영함.
     (예) 조직 **운영**
운영 2 '어떤 대상을 관리하고 운용하고 나감.
     (예) 대학 학사 **운영**

운용(運用) '무엇을 움직이게 하거나 부리어 씀.
     (예) 자본의 **운용** / 법의 **운용**

'운용'은 기금, 예산, 물품 등과 어울려 사용되고, '운영'은 학교, 당, 기업, 상점, 학회, 대회 등과 어울려 사용됩니다.

둘 다 무엇인가를 움직여 나간다는 점에서 공통적인 의미가 있지만, '운용'은 대상을 움직여 가면서 사용함을 의미하는 데 비해 '운영'은 조직이나 기구 등의 대상을 관리하면서 움직여 감을 의미합니다.

헷갈리는 표현

'운용'은 주로 자산, 자금, 기계, 시스템과 같은 구체적인 대상에 대해 어떻게 효율적으로 움직이고 사용하는가에 초점을 맞춥니다. 예를 들어 '기업의 자산 운용 방안'은 자산을 어떻게 사용해서 어떤 성과를 낼 것인지에 관한 내용입니다.

이에 비해 '운영'은 조직, 단체 혹은 시스템 자체의 관리와 경영에 초점을 맞춥니다. 예를 들어 '기업 운영 방침'은 해당 조직의 총체적인 방향성을 관리하고 경영하는 것에 관한 내용입니다.

'운용'은 개별적인 자원이나 기계와 같이 특정한 대상을 다룰때 사용되고, 주로 관리 대상이 무엇인지가 명확하게 정해져 있는 경우에 쓰이지만, '운영'은 학교나 회사처럼 그 대상이 크고 총체적인 것을 논할 때 쓰입니다.

(예 1) 천연자원이 부족한 나라에서는 자원을 효율적으로 **운용해야** 한다.

(예 2) 그는 적은 사업 자금임에도 불구하고 **운용을** 잘해서 경제적 자유를 얻었다.

(예 3) 김 씨 아저씨는 작은 화물차 회사를 **운영하면서** 산다.

체언

움큼/웅큼

사탕을 한 <u>움큼(○)/웅큼(×)</u> 집었다.

움큼　손으로 한 줌 움켜쥘 만한 분량을 세는 단위.
　　　(예) 아침마다 견과류를 한 **움큼씩** 드세요.

웅큼　'움큼'의 틀린 표현.

'움큼'은 '웅큼'으로 잘못 쓰는 경우가 많은데 '움큼'이 올바른 표기입니다. '움'과 '웅'이 헷갈릴 수 있습니다. 이때는 '움켜쥐다'의 '움'을 떠올리면 도움이 되실 겁니다.

'움큼'의 작은 말로 '옴큼'도 있습니다. 다음과 같이 쓰면 됩니다.
　　(예) 쪽파 한 **옴큼**을 넣으세요.

웃통/윗통

철수는 집에 오자마자 <u>웃통(○)/윗통(×)</u>을 벗어 던졌다.

웃통, 윗통 둘 다 많이 쓰이는 말인 것 같은데 뭐가 맞을까요?

몸에서 허리 위의 부분 또는 윗옷을 이르는 말은 '웃통'입니다. '웃-' 및 '윗-'은 명사 '위'에 맞춰 '윗-'으로 통일합니다.

그러나 제시문에서 '웃통'과 대립하는 말인 '아랫통'이라는 말은 없습니다. 이처럼 '아래, 위'의 대립이 없는 단어는 '웃-'으로 발음되는 형태를 표준어로 삼습니다.

1. '위/아래'의 대립이 있는 말은 다음과 같이 사이시옷을 넣어서 사용합니다.
　(예) 윗몸 ↔ 아랫몸, 윗니 ↔ 아랫니, 윗사람 ↔ 아랫사람

단, 뒤에 오는 말이 된소리 또는 거센소리로 표기되면 사이시옷을 표기하지 않습니다.
　(예) 위쪽 ↔ 아래쪽, 위층 ↔ 아래층, 위턱 ↔ 아래턱

2. '위/아래'의 대립이 없는 말은 접두사 '웃'을 붙여서 씁니다.
　(예) 웃돈('아랫돈'이라는 말이 없음), 웃어른('아랫어른'이라는 말이 없음)

체언

이음매/이음새

끈의 <u>이음매(○)</u>/이음새(✕)를 튼튼하게 해야 해.

이음매 두 물체를 이은 자리.

(예) 수도관의 **이음매** 사이로 물이 샌다.

이음새 둘 이상의 물체를 이은 상태나 모양새.

(예 1) 가지런한 **이음새**

(예 2) 빈틈없는 **이음새**

'이음새'와 '이음매'는 단어의 형태가 비슷하지만, 사용하는 경우가 다릅니다. 쓰임에 맞게 구분해서 사용해야 합니다.

(예) 다리 상판의 **이음새**에 빈틈이 있어 보인다. 상판의 **이음매** 보수 작업이 필요하다.

장마비/장맛비

오후 내내 장마비(×)/장맛비(○)가 세차게 내렸다.

한글 맞춤법에서 많이 헷갈리는 것 중 하나가 '사이시옷 표기'입니다. 두 단어의 사이에 'ㅅ'을 써야 하는지 안 써야 하는지 참 헷갈립니다. 지금부터 최대한 알기 쉽고 기억하기 쉽게 설명해 보겠습니다.

1. '한자어'와 '한자어'가 합쳐진 합성어 사이에는 사이시옷을 표기하지 않습니다.

   (예) 촛점(×), 댓가(×), 잇점(×) → 초점(焦+點), 대가(代+價), 이점(利+點)

2. 단, 여섯 가지의 예외가 있습니다. 이 여섯 가지 합성어는 한자어의 결합임에도 불구하고, 사이시옷을 표기합니다.

   (예) 곳간, 셋방, 숫자, 찻간, 툇간, 횟수

3. 뒷말의 첫소리가 된소리(경음) 또는 거센소리(격음) 표기인 경우, 사이시옷을 표기하지 않습니다.

   (예) 뒤뜰(×) → 뒤뜰, 갯펄(×) → 개펄, 윗층(×) → 위층, 허릿춤(×) → 허리춤

체언

4. 외래어가 포함된 합성어의 경우, 사이시옷을 표기하지 않습니다.

  (예) 피잣집(×) → 피자집, 핑큿빛(×) → 핑크빛, 택싯값(×) → 택시값

5. '고유어'와 '고유어' 또는 '고유어'와 '한자어'가 만난 합성어의 경우, 뒷말의 발음이 된소리(경음)로 바뀌거나, 'ㄴ'이 첨가될 때 사이시옷을 표기합니다.

  (예 1) 나무가지(×) → 나뭇가지, 등교길(×) → 등굣길, 전세집(×) →
  전셋집, 처가집(×) → 처갓집, 국수집(×) → 국숫집
  * 단, 기와집, 초가집, 까치집은 발음할 때 된소리(경음) 현상이 일어나지
  않으므로 사이시옷을 표기하지 않습니다.
  (예 2) 노래말(×) → 노랫말, 존대말(×) → 존댓말, 혼자말(×) → 혼잣말,
  예사일(×) → 예삿일
  * 단, 머리말, 예사말, 인사말은 발음할 때 'ㄴ' 첨가 현상이 일어나지
  않으므로 사이시옷을 표기하지 않습니다.

즈음/쯤

영수는 여남은 살쯤(○)/즈음(×) 되어 보이는 사내아이다.

즈음 (주로 어미 '-(으)ㄹ' 뒤에 쓰여) 일이 어찌 될 무렵.
　　(예 1) 막 잠이 들 **즈음**에 전화벨이 울렸다.
　　(예 2) 부모님께서 오신 때가 막 저녁을 먹을 **즈음**이었다.

쯤 알맞은 한도, 그만큼 가량을 더하는 의미.
　　(예 1) 서너 번**쯤** 여수에 가봤다.
　　(예 2) 신규 사업 TF는 6월**쯤** 종료될 예정이다.

'즈음'은 '일이 어찌 될 무렵'을 의미하는 의존 명사입니다. 그래서 앞말과 띄어 써야 합니다. 이에 비해 '-쯤'은 '정도'의 뜻을 더하는 접미사입니다. 명사 또는 명사구 뒤에 붙여서 씁니다. '즈음'과 '-쯤'의 쓰임을 고려하여, 문맥에 맞게 사용해야 합니다.

체언

참고/참조

내게 <u>참고(○)/참조(×)</u>가 될 만한 얘기를 해 주세요.

참고(參考)　살펴서 도움이 될 만한 재료로 삼음.

　　　　　　(예) **참고** 도서 / **참고** 자료 / **참고** 사항

참조(參照)　참고로 비교하고 대조하여 봄.

　　　　　　(예) 관계 기사 **참조** / 사진 **참조** / 아래 사항 **참조**

'참고'와 '참조'는 혼동해서 쓰이는 경우가 많습니다. 하지만 의미와 쓰임이 다르니 구별해서 써야 합니다. 아래의 문장을 외워 두면 헷갈리지 않을 듯합니다.

　　(예) **참고** 문헌을 **참조**했다.

척도/측도

인생을 논할 때, 돈을 가치의 척도(○)/측도(×)로 삼자는
의견에는 동의할 수 없다.

척도(尺度) 평가하거나 측정할 때 의거할 기준.
　　　　　　(예 1) 소비 수준이 삶의 **척도**는 아니다.
　　　　　　(예 2) 가치의 **척도** / 아름다움의 **척도**

측도(測度) 도수(度數)를 잼. 측정되는 정도.
　　　　　　(예 1) 이 실험은 그 **측도**에 따라 다르게 해석될 수 있다.
　　　　　　(예 2) 주가는 경제의 미래를 예측하는 **측도**이다.

'척도'와 '측도'는 구별해서 사용해야 합니다.

'척도'는 관찰된 현상을 일정한 규칙에 따라 측정하기 위해 사
용되는 도구로서, 수치나 기호를 대상에 부여하여 표현합니다.
이를 통해 물질적인 현상부터 사회적인 현상까지 다양한 대상
을 측정하고 이해할 수 있습니다.

이에 비해 '측도'는 측정하는 방법이나 그 측정으로 얻은 정도
를 의미합니다. 수학에서는 '길이, 넓이, 부피 개념을 일반적인
집합으로 확장한 것'으로 정의합니다.

체언

홀몸/홑몸

홀몸(×)/홑몸(○)도 아닌데 장시간 여행은 무리다.

홀몸   배우자나 형제가 없는 사람.
  (예) 그는 아내를 잃고 **홀몸**이 되었다.

홑몸 1   딸린 사람이 없는 혼자의 몸.
  (예) 그는 교통사고로 가족 모두를 잃고 **홑몸**이 되었다.
홑몸 2   아이를 배지 아니한 몸.
  (예) 아내는 현재 **홑몸**이 아니다. (임신한 상태라는 의미)

'홑몸'과 '홀몸'은 혼동해서 쓰이기 쉬운 단어입니다. 임신한 상태라는 의미로 '홀몸이 아니다'라는 표현을 흔히 쓰는데 이는 잘못된 표현입니다. '홑몸이 아니다'라고 써야 합니다.

현재 '배우자나 형제가 없다'는 뜻으로는 '홀몸'과 '홑몸'이 다 쓰일 수 있습니다.

희귀/희소

그녀는 <u>희귀(×)/희소(○)</u>병을 앓고 있다.

희귀(稀貴)　드물어서 특이하거나 매우 귀함.

희소(稀少)　매우 드물고 적음.

세상에 드물고 귀한 병(病)은 없습니다. '희귀병'은 잘못된 표현입니다. '난치병(難治病)' 또는 '희소병(稀少病)'으로 쓰는 것이 옳습니다.

용언

가득차다/가득하다

바구니에 과일이 <u>**가득찼다**(×)/**가득했다**(○)</u>.

가득하다 1   분량이나 수효 따위가 어떤 범위나 한도에 꼭 찬 상태에
있다.

       (예) 바구니에 과일이 **가득하다**.

가득하다 2   빈 데가 없을 만큼 사람이나 물건 따위가 많다.

       (예) 방 안에 사람들이 **가득하다**.

가득하다 3   냄새나 빛 따위가 공간에 널리 퍼져 있다.

       (예) 달빛이 **가득한** 마당

차다 1   일정한 공간에 사람, 사물, 냄새 따위가 더 들어갈 수 없이
가득하게 되다.

       (예) 독에 물이 가득 **차다**.

차다 2   감정이나 기운 따위가 가득하게 되다.

       (예) 아내를 잃고 실의에 **차다**.

차다 3   어떤 높이나 한도에 이르는 상태가 되다.

       (예) 쌓인 눈이 가랑이까지 **찼다**.

차다 4   정한 수량, 나이, 기간 따위가 다 되다.

       (예) 나이가 꽉 **찬** 신부

차다 5   이지러진 데가 없이 달이 아주 온전하게 되다.

       (예) 달이 꽉 **찼다**.

용언

'가득하다'는 형용사이며, '차다'는 동사입니다. '가득하다'와 '가득차다'를 혼용해서 사용하고 있는 경우가 많은데 '가득하다'가 올바른 표기입니다. '가득차다'라는 말은 없습니다. '가득 차다' 또는 '꽉 차다'처럼 띄어 쓰는 것이 맞습니다.

가엽다/가엾다

어린 나이에 부모를 여읜 아이가 너무 <u>가여웠다(○)/</u>
<u>가엾었다(○)</u>.

'마음이 아플 만큼 안되고 처연하다'라는 뜻을 나타내는 말로,
'가엾다'와 '가엽다'를 모두 쓸 수 있습니다.

한 가지 의미를 나타내는 형태 몇 가지가 널리 쓰이며 표준어
규정에 맞으면, 그 모두를 표준어로 삼습니다.

'가엾다'와 '가엽다' 모두 두루 쓰이므로 둘 다 표준어로 삼고
있습니다. 다만 '가엾다'는 '가엾어/가엾으니'처럼 활용하지만,
'가엽다'는 '가여워/가여우니'로 활용 형태가 다르니 주의해서
사용해야 합니다.

용언

간지럽히다/간질이다

옆구리를 간지럽히다(○)/간질이다(○).

'간지럽히다'는 본래 '간질이다'의 비표준어였으나, 2011년 8월 국립국어원에서 '간질이다'와 동일한 뜻으로 널리 쓰이는 것으로 판단하여 복수 표준어로 인정했습니다. '간질이다'와 '간지럽히다'는 '살갗을 문지르거나 건드려 간지럽게 하다'는 의미입니다.

다만, 일상 대화에서 '간지르다'는 표현을 많이 쓰지만, 이것은 비표준어입니다.

걷잡다/겉잡다

일이 <u>걷잡을(○)</u>/<u>겉잡을(×)</u> 수 없이 커졌다.

걷잡다 1   한 방향으로 치우쳐 흘러가는 형세 따위를 붙들어 잡다.
        (예) **걷잡을** 수 없는 사태
걷잡다 2   마음을 진정하거나 억제하다.
        (예) 그는 계속 흐르는 눈물을 **걷잡을** 수 없었다.
겉잡다   겉으로 보고 대강 짐작하여 헤아리다.
        (예) 그 일은 **겉잡아도** 일주일은 걸릴 것 같다.

'걷잡다'와 '겉잡다'는 발음이 같아 혼동해서 쓰이는 경우가 많습니다. 그렇지만 두 단어의 뜻이 전혀 다르므로 구별하여 사용해야 합니다. '겉잡다'는 물체의 바깥 부분 또는 밖으로 드러난 모습이나 현상을 뜻하는 '겉'의 의미를 포함하고 있어서 이 부분을 떠올리면 조금은 쉽게 '걷잡다'와 구별해서 사용할 수 있습니다.

용언

결단나다/결딴나다

사업 실패로 집안이 완전히 결단났다(×)/결딴났다(○).

결단(決斷) 결정적인 판단을 하거나 단정을 내림. 또는 그런 판단이나 단정.
(예) **결단**을 내릴 시간이다.

결딴나다 1 어떤 일이나 물건 따위가 아주 망가져서 도무지 손을 쓸 수 없는 상태가 된다.
(예) 강한 태풍에 배가 완전히 **결딴**났다.

결딴나다 2 살림이 망하여 거덜 나다.
(예) 잇단 사업 실패로 인해 영수의 집안 살림이 **결딴**났다.

'결딴'은 어떤 일이나 물건이 아주 망가져서 도무지 손을 쓸 수 없게 된 상태나 살림이 망하여 거덜 난 상태를 뜻하며, '결딴나다/결딴내다'의 형태로 쓸 수 있습니다.

종종 '결딴'을 '결단'으로 잘못 쓰는 경우를 볼 수 있으나 '결단(決斷)'은 결정적인 판단이나 단정을 의미하므로 '결딴'과 다릅니다. '결단'은 '결단하다/결단을 내리다'처럼 쓰입니다.

겸연쩍다/계면쩍다

그는 자기의 실수를 <u>겸연쩍어(○)/계면쩍어(○)</u> 하면서 멋쩍은 웃음을 지어 보였다.

'계면쩍다'는 '겸연쩍다'의 음운이 변하여 된 말입니다. '겸연쩍다'와 '계면쩍다' 둘 다 표준어로 인정합니다.

'계면쩍다'와 '겸연쩍다'는 둘 다 '쑥스럽거나 미안하여 어색하다'의 뜻으로 쓰입니다.

구시렁거리다/궁시렁거리다

뭘 그렇게 혼자 구시렁거리니(○)/궁시렁거리니(×)?

구시렁거리다 못마땅하여 군소리를 듣기 싫도록 자꾸 하다.

(예) 그녀는 뭐가 불만인지 아까부터 계속 **구시렁거렸다**.

궁시렁거리다 '구시렁거리다'의 강원도 방언.

'못마땅하여 군소리를 듣기 싫도록 자꾸 하다'라는 뜻을 나타낼 때 '궁시렁거리다'라는 말을 쓰는데, 이는 표준어인 '구시렁거리다'의 강원 방언입니다. '구시렁거리다'로 써야 합니다.

따라서 '못마땅하여 군소리를 자꾸 듣기 싫도록 하는 모양'을 의미하는 부사 역시 '궁시렁궁시렁'이 아니라 '구시렁구시렁'으로 써야 합니다.

(예) 그는 들릴 듯 말 듯 나지막한 소리로 **구시렁구시렁** 중얼거렸다.

꺼림직하다/꺼림칙하다

쉰 냄새가 나는 떡을 먹기가 왠지 꺼림직하다(○)/
꺼림칙하다(○).

'꺼림직하다'와 '꺼림칙하다'는 둘 다 표준어로 인정되고 있는
말입니다. '마음에 걸려서 언짢고 싫은 느낌이 있다'는 의미로
두 단어의 뜻은 같습니다.

이와 비슷한 의미인 '께름직하다'와 '께름칙하다'도 둘 다 표준
어로 인정합니다. '마음에 걸려서 언짢고 싫은 느낌이 꽤 있다'
란 의미로 두 단어의 뜻은 같습니다.

  (예 1) 그녀를 따라나서기가 **께름칙했다**.
  (예 2) 철수에게 그 일을 맡긴 것이 어째 **께름직하고** 마음이 안 놓인다.

또 다른 비슷한 의미의 말로 '미심쩍다'도 있습니다. '분명하지
못하여 마음이 놓이지 않는 데가 있다'라는 의미입니다.

  (예) 그녀가 정말 그런 행동을 했을지 **미심쩍었다**.

꼽다/꽂다

TV 전원 플러그를 꼽았다(×)/꽂았다(○).

꼽다 1 수나 날짜를 세려고 손가락을 하나씩 헤아리다.
　　　　(예) 손가락을 **꼽으면서** 크리스마스를 기다리고 있다.
꼽다 2 골라서 지목하다.
　　　　(예) 올해의 인물을 **꼽으라면** 단연코 김 팀장님이다.

꽂다 1 쓰러지거나 빠지지 아니하게 박아 세우거나 끼우다.
　　　　(예) 꽃병에 꽃을 **꽂았다**.
꽂다 2 내던져서 거꾸로 박히게 하다.
　　　　(예) 씨름판에서 상대를 모래판에 **꽂았다**.
꽂다 3 시선 따위를 한 곳에 고정하다.
　　　　(예) 잘생긴 그에게 시선이 **꽂히는** 건 어쩔 수 없는 현상이었다.

'꼽다'와 '꽂다'는 일상 대화에서 자주 혼동해서 쓰이는 단어입니다. 특히 일부 지역에서 '꽂다' 대신에 방언으로 '꼽다'를 쓰는 경우가 많습니다. 그렇지만 두 단어는 전혀 다른 의미로 쓰이기 때문에 구별해서 사용해야 합니다.
　　(예) 꽃병에 꽃을 **꽂았다.** (○)
　　　　꽃병에 꽃을 **꼽았다.** (×)

헷갈리는 표현

꾸물꾸물하다/끄물끄물하다

비가 오려는지 하늘이 꾸물꾸물하다(✕)/끄물끄물하다(○).

꾸물꾸물하다 1   매우 자꾸 느리게 움직이다.

(예) 지렁이가 **꾸물꾸물하며** 움직였다.

꾸물꾸물하다 2   굼뜨고 게으르게 행동하다.

(예) 외출할 때마다 왜 그렇게 **꾸물꾸물하니**!

끄물끄물하다 1   날씨가 활짝 개지 않고 몹시 흐려지다.

'그물그물하다'보다 센 느낌.

(예) 아침부터 하늘이 **끄물끄물하더니** 마침내 비가 퍼붓기

시작했다.

끄물끄물하다 2   불빛 따위가 밝게 비치지 않고 몹시 침침해지다.

(예) **끄물끄물하던** 불씨가 결국 꺼지고 말았다.

비 오는 날이나 장마철에 '날씨가 꾸물꾸물하다' 또는 '하늘이
꾸물꾸물하다'라는 말을 많이 씁니다. 하지만 '꾸물꾸물하다'
는 '굼뜨고 게으르게 행동하다'라는 의미로 전혀 문맥에 맞지
않은 말입니다.

'날씨가 끄물끄물하다' 또는 '하늘이 끄물끄물하다'로 써야 합
니다.

용언

나누다/노느다

어젯밤 늦게까지 빚은 만두를 집안 식구들과 함께 나눠(×)/
노나(○) 먹었다.

나누다 1   하나를 둘 이상으로 가르다.

      (예) 사과를 세 조각으로 **나누었다**.

노느다   여러 몫으로 갈라 나누다.

      (예) 그는 재산을 둘로 **노나** 자식들에게 주었다.

'노느다'와 '나누다'는 둘 다 표준어입니다. '노느다'는 '여러
몫으로 갈라 나누다'라는 뜻이고, '나누다'는 '하나를 둘 이상
으로 가르다'라는 뜻으로 그 쓰임새에 차이가 있습니다.

예를 들어, '여러 상품을 똑같이 노나 가졌다'라는 문장에서는,
'나누어야 할 물건을 여러 몫으로 나누다'의 뜻이므로 '노느다'
가 맞습니다.

간혹 일상 대화에서 '노누다'라는 표현을 씁니다. 하지만 이것
은 '나누다'와 혼동하면서 일어난 현상으로 보이며, 잘못된 표
현입니다.

헷갈리는 표현

한편, '나누다'는 다양한 의미로 쓰입니다. 예문과 함께 알아보겠습니다.

나누다 2 몫을 분배하다.

(예) 이익금은 공정하게 **나누어야** 불만이 안 생긴다.

나누다 3 음식 따위를 함께 먹거나 갈라 먹다. / 말과 인사 따위를 주고받다

(예) 회사 후배와 술을 한잔 **나누면서** 많은 얘기를 **나눴다**.

나누다 4 같은 핏줄을 타고 나다.

(예) 그는 나와 피를 **나눈** 형제이다.

날라가다/날아가다

사업 실패로 전 재산이 날라갔다(×)/날아갔다(○).

날라가다 '날아가다'의 비표준어.

날아가다 1 공중으로 날면서 가다.

(예) 그는 고향인 제주도에 비행기로 **날아갔다**.

날아가다 2 가지고 있거나 붙어 있던 것이 허망하게 없어지거나 떨어지다.

(예) 부상으로 야구 선수의 꿈이 **날아갔다**.

'컴퓨터에 저장된 파일이 다 날라갔다'처럼 '날라가다'로 쓰는 경우가 흔히 있습니다. 하지만 '날라가다'라는 말은 없습니다. '날아가다'가 바른 표기입니다.

넓다랗다/널따랗다

집 앞 공터가 넓다랗다(✕)/널따랗다(○).

겹받침이 있는 용언의 어간에 자음으로 시작하는 접미사가 붙을 경우, 표기하는 방식은 두 가지입니다.

1. 어간에 있는 겹받침의 첫소리로 발음하는 경우에는 소리 나는 대로 표기합니다.

  (예 1) 넓다 [널따] + '-다랗다(그 정도가 꽤 뚜렷함의 뜻을 더하는 접미사)'

  → **널따랗다** (어간 '넓-'의 겹받침 'ㄹㄱ' 중 첫소리인 'ㄹ'로 발음하므로)

  (예 2) 얇다 [얄따] + '-다랗다(그 정도가 꽤 뚜렷함의 뜻을 더하는 접미사)'

  → **얄따랗다** (어간 '얇-'의 겹받침 'ㄹㅂ' 중 첫소리인 'ㄹ'로 발음하므로)

2. 어간에 있는 겹받침의 끝소리로 발음하는 경우에는 어간의 원형을 밝혀 표기합니다.

  (예 1) 굵다 [국따] + '-다랗다(그 정도가 꽤 뚜렷함의 뜻을 더하는 접미사)'

  → **굵다랗다** (어간 '굵-'의 겹받침 'ㄹㄱ' 중 끝소리인 'ㄱ'로 발음하므로)

  (예 2) 굵다 [국따] + '-직하다(앞말이 뜻하는 내용이 발생할 가능성이 높음을 나타내는 접미사)'

  → **굵직하다** (어간 '굵-'의 겹받침 'ㄹㄱ' 중 끝소리인 'ㄱ'로 발음하므로)

널부러지다/널브러지다

방에 잡동사니가 널부러져(✕)/널브러져(○) 있다.

널부러지다　'널브러지다'의 틀린 표현.

널브러지다 1　너저분하게 흐트러지거나 흩어지다.
　　　　　　　(예) 운동장에 쓰레기가 **널브러져** 있었다.
널브러지다 2　몸에 힘이 빠져 몸을 추스르지 못하고 축 늘어지다.
　　　　　　　(예) 싸움이 끝난 후 50여 명이 바닥에 **널브러져** 있었다.

일상 대화에서 '널브러지다'를 '널부러지다'로 잘못 쓰는 경우가 많이 있습니다. '널브러지다'가 올바른 표기입니다.

헷갈리는 표현

늘리다/늘이다

평수를 늘려(○)/늘여(×) 새 아파트로 이사했다.

늘리다 1   물체의 넓이, 부피 따위를 본디보다 커지게 하다.
             (예) 아파트 주차장의 규모를 **늘리자는** 의견이 모아졌다.
늘리다 2   수나 분량 따위를 본디보다 많아지게 하다.
             (예) 내년부터 신입생 수를 **늘릴** 계획이다.
늘리다 3   재주나 능력 따위를 나아지게 하다.
             (예) 실력을 **늘려서** 다음에는 꼭 3위 내에 들겠다.
늘리다 4   시간이나 기간을 길게 하다.
             (예) 쉬는 시간을 **늘리다**.

늘이다 1   본디보다 더 길어지게 하다. (예) 고무줄을 **늘이다**.
늘이다 2   아래로 길게 처지게 하다. (예) 치마 길이를 **늘여서** 입었다.
늘이다 3   (영역을) 널리 벌이다. (예) 경찰 경계망을 더 **늘여야겠다**.

'늘이다'와 '늘리다'는 다양한 뜻으로 쓰이기 때문에 사용할 때 헷갈리기 쉬운 단어입니다. 딱 이것만 기억합시다. 핵심은 '늘이다'는 원래보다 길게 한다는 의미이고, '늘리다'는 원래보다 크게 하거나 많게 한다는 의미입니다.

이 예문만 기억해 두면 쉽게 구별해서 사용할 수 있습니다. 치마 길이는 '늘여' 입는 것이지 '늘려' 입는 것이 아닙니다.

용언

닥달하다 / 닦달하다

빨리 처리할 테니 너무 닥달(✕)/닦달(○)하지 마.

닥달하다 '닦달하다'의 틀린 표기.

닦달하다 1 남을 단단히 윽박질러서 혼을 내다.
　　　　　(예) 손님은 당장 주인을 불러오라고 종업원을 **닦달했다**.

다그치거나 윽박지를 때 '닦달하다'는 표현을 자주 사용합니다. 하지만 발음이 유사하고, 일상 대화에서 사용하다 보니 막상 그 표기에 있어서는 헷갈리기 쉬운 단어입니다. '닥달'이 아닌 '닦달'이 올바른 표기입니다.

'닦달하다'는 다음과 같은 뜻도 있습니다. 예문과 함께 살펴보겠습니다.

닦달하다 2 물건을 손질하고 매만지다.
　　　　　(예) 그는 정원의 나뭇가지를 보기 좋게 **닦달하는** 중이다.
닦달하다 3 음식물로 쓸 것을 요리하게 좋게 다듬다.
　　　　　(예) 삼계탕에 넣을 닭을 깨끗하게 **닦달했다**.

담구다/담그다

김치를 담궜다(✕)/담갔다(○).

담구다 '담그다'의 방언. '담그다'가 바른 표기임.

담그다1 액체 속에 넣다.
　　　　　(예) 시냇물에 발을 **담그다**.
담그다2 김치, 술, 장, 젓갈 따위를 만드는 재료를 버무리거나 물을
　　　　　부어서, 익거나 삭도록 그릇에 넣어 두다.
　　　　　(예) 김치를 **담가** 먹는 집이 줄고 있다.

형태로 보면 '담궜다'가 더욱 바른 표기인 것처럼 보이지만, '담
갔다'가 바른 표기입니다. 동사의 어간을 제외한 어미가 바뀔
경우, 그 어간이나 어미가 원칙에 벗어나면 벗어나는 대로 적습
니다.

어간의 끝 'ㅜ/ㅡ'가 줄어들 적에 '담그다' → '담가' / '담갔다'
로 적습니다.

다른 예시들도 살펴보겠습니다.

푸다 → 퍼 / 펐다

뜨다 → 떠 / 떴다

끄다 → 꺼 / 껐다

고프다 → 고파 / 고팠다

따르다 → 따라 / 따랐다

헷갈리는 표현

대갚다/되갚다

지난 게임의 패배를 대갚았다(✕)/되갚았다(○).

되갚다 1   (원한이나 치욕을) 남에게 그에 상당하는 대가를 치르게
하다.
(예) 패배를 **되갚았다**.

되갚다 2   (은혜나 신세를) 남에게 그에 상응하는 보답으로 돌려주다.
(예) 효도는 부모의 은혜에 대한 **되갚음이다**.

대갚음하다   남에게 입은 은혜나 남에게 당한 원한을 잊지 않고 그대로
갚다.
(예) 내 자신의 힘으로 **대갚음할** 때까지 기다리겠다.

'되갚다'와 '대갚음하다'는 발음과 형태가 비슷해서 쓰임에 혼
동이 많은 단어입니다. 두 단어를 구별해서 쓰기 위해서 다음의
구조를 살펴봅시다.

<동사> 되갚다 → <명사형> 되갚음
<명사> 대(對)갚음 → <(파생)동사> 대갚음하다

따라서 '되갚음하다'라는 말은 없습니다. 마찬가지로 '대갚다'
라는 말도 없습니다. 의미상으로 보면 '대(對)'를 포함하고 있
는 '대갚음하다'는 '받은 만큼 그대로 갚아 준다(돌려준다)'는
의미가 좀 더 강한 듯합니다.

111

용언

되요/돼요

열심히 노력하면 되요(✕)/돼요(○).

'되다'와 '돼다'도 한국어 표기에 있어서 많이 헷갈리는 부분입니다.

동사나 형용사 같은 용언은 어간 홀로 쓰일 수 없고, 어간 뒤에 어미가 붙어 쓰입니다. 어간'되-'는 동사 '되다'의 어간인데요, 어간 '되-'가 홀로 쓰이지 못하기 때문에 '되-' 뒤에 어미가 붙어서 쓰이게 됩니다.

예를 들어서, 어간 '되-' 뒤에 어미 '-니/-지/-고/-라고'가 붙으면, 각각 '되니/ 되지/ 되고/ 되라고'가 됩니다.

  (예) 지금 밥 먹으러 가도 **되니?** (○) / 지금 밥 먹으러 가도 **돼니?** (✕)

그런데 '되요'에서 '-요'는 어미가 아니고 보조사이기 때문에 '되요'라고 쓸 수 없습니다. 어미 '-어'를 붙여서 '되어요'의 형태로 써야 하는 거죠.

'돼'는 '되다'의 어간 '되-' 뒤에 어미 '-어'가 붙은 '되어'의 준말입니다. 따라서 '되어'로 풀 수 있는 것만 '돼'의 형태로 줄여서 표기할 수 있습니다.

(예 1) 어떻게 **되었어?** (○) → 어떻게 **됐어?** (○), 어떻게 **됬어?** (×)

(예 2) 글을 많이 읽으면 맞춤법 공부가 **돼요**(○). 글을 많이 읽으면 맞춤법 공부가 **되요**(×).

돋구다/돋우다

그의 변명이 오히려 그녀의 화를 돋궜다(×)/돋웠다(○).

'돋우다'와 '돋구다'는 동사 '돋다'의 사동사입니다. '돋다'에 사동형 접미사 '-우-/-구-'가 붙어서 '돋우다'와 '돋구다'가 된 형태입니다. '돋다'에는 여러 가지 뜻이 있습니다.

돋다 1 해나 달 따위가 하늘에 솟아오르다.
　　　　(예) 해가 **돋다**.
돋다 2 입맛이 당기다.
　　　　(예) 봄나물을 보니 입맛이 **돋았다**. → 봄나물이 입맛을 **돋웠다**.
　　　　(*사동사)
돋다 3 속에 생긴 것이 겉으로 나오거나 나타나다.
　　　　(예) 나뭇가지에 싹이 돋다. → 호롱불의 심지를 **돋우다**. **(*사동사)**
돋다 4 살갗에 어떤 것이 우툴두툴하게 내밀다.
　　　　(예) 얼굴에 여드름이 **돋다**.
돋다 5 감정이나 기색 따위가 생겨나다.
　　　　(예) 얼굴에 생기가 **돋는다**. → 그녀의 웃음이 그의 얼굴에 생기를
　　　　돋웠다. **(*사동사)**

돋구다 안경의 도수 따위를 더 높게 하다.
　　　　(예) 눈이 침침한 걸 보니 안경의 도수를 **돋굴** 때가 되었나 보다.

사동사 '돋우다'와 '돋구다'는 사용하는 경우가 다릅니다. 안경의 도수를 더 높게 한다는 의미일 때만 '돋구다'를 사용하고, 나머지 경우에는 '돋우다'를 쓰면 됩니다.

(예 1) 화를 **돋워** 큰 싸움이 났다. (돋궈(×))

(예 2) 발끝을 **돋우어** 창밖을 보았다. (돋구어(×))

(예 3) 그 노래가 흥을 **돋웠다**. (돋궜다(×))

돋치다/돋히다

새로 나온 책이 날개 돋친(○)/돋힌(×) 듯이 팔린다.

한국어에는 '돋치다'라는 말은 있어도 '돋히다'라는 말은 없습니다.

'돋히다'는 동사 '돋다'에 피동을 나타내는 접사 '히'가 붙은 형태의 말입니다. 즉, '돋히다'는 다른 사람에 의해 내가 '돋음'을 당한다는 의미인데, 동사 '돋다'는 늘 스스로 작용해서 어떤 현상을 일으키는 의미로 쓰이는 말입니다. 다른 누군가의 영향을 받아서 작용을 일으키는 의미로 쓰일 수 없는, 다시 말하자면 피동 접사 '히'가 붙을 수 없는 말입니다.

(예 1) 해가 **돋다**. (돋히다(×))

(예 2) 봄나물을 보니 입맛이 **돋았**다. (돋히다(×))

(예 3) 나뭇가지에 싹이 **돋다**. (돋히다(×))

(예 4) 얼굴에 여드름이 **돋다**. (돋히다(×))

따라서 흔히 '돋히다'로 잘못 쓰고 있는 말은 '돋치다'로 써야 합니다. 이때 '치'는 '돋다'를 힘주어 말할 때 쓰는 강세어입니다.

뜨뜻미지근하다/뜻뜨미지근하다

그는 성격이 <u>뜨뜻미지근한(○)</u>/<u>뜻뜨미지근한(✕)</u> 사람이다.

뜨뜻미지근하다 1 온도가 아주 뜨겁지도 않고 차지도 않다.
(예) 방바닥이 뜨뜻미지근하더니 밤새 차게 식어 버렸다.
뜨뜻미지근하다 2 하는 일이나 성격이 분명하지 못하다.
(예) 나는 성격이 뜨뜻미지근한 사람을 좋아하지 않는다.

뜻뜨미지근하다 '뜨뜻미지근하다'의 틀린 표기.

무언가 분명하지 못하고 어중간한 상태나 성격을 표현할 때 '뜨뜻미지근하다'라는 표현을 자주 사용합니다. 하지만 일상 대화에서 '뜻뜨미지근하다'로 잘못 쓰는 경우가 많습니다.

'뜨뜻하다'와 '미지근하다'가 합쳐진 말이므로, '뜨뜻미지근하다'로 써야 올바른 표기입니다.

용언

뜯어지다/틀어지다

새로 산 옷의 실밥이 <u>뜯어졌다(○)/틀어졌다(×)</u>.

한국어에 '틀다'라는 단어는 존재하지 않습니다. 따라서 '실밥이 뜯어졌다' 또는 실밥이 '터졌다'로 써야 합니다.

'뜯어지다'는 '붙거나 닫힌 것을 떼거나 찢거나 하다'라는 의미의 '뜯다'에 '-어지다'가 붙은 말이며, '터지다'는 '둘러쌓여 막혔던 것이 뚫어지거나 찢어지다' 또는 '꿰맨 자리가 뜯어져 갈라지다'라는 의미입니다.

맞추다/맞히다

어려운 수학 문제의 정답을 알아<u>맞췄다(✕)/맞혔다(○)</u>.

맞추다 1   서로 떨어져 있는 부분을 제자리에 맞게 대어 붙이다.

(예) 퍼즐을 **맞추다**.

맞추다 2   둘 이상의 일정한 대상들을 나란히 놓고 비교하여 살피다.

(예) 수능시험이 끝난 후에 정답과 **맞춰** 보았다.

맞추다 3   서로 어긋남이 없이 조화를 이루다.

(예) 다른 부서와 보조를 **맞추는** 게 더 중요한 일이다.

맞히다 1   문제에 대한 답을 틀리지 않게 하다. 표적이 적중하다.

(예 1) 정답을 **맞히다**.

(예 2) 화살을 과녁에 **맞혔다**.

맞히다 2   어떤 좋지 않은 일을 당하게 하다.

(예) 그렇게 착한 여자에게 바람을 **맞히다니** 용서가 안 된다.

맞히다 3   침, 주사 따위로 치료를 받게 하다.

(예) 아이에게 독감 예방 주사를 **맞혔다**.

'맞추다'와 '맞히다'는 일상생활에서 많이 쓰는 단어인데 혼동해서 쓰는 경우가 많습니다. '맞히다'는 '적중하다'의 의미가 있고, '맞추다'는 '대상끼리 서로 비교한다'는 의미가 있다는 점을 기억하고 구별해서 사용하면 됩니다.

용언

매다/메다

가방을 매다(×)/메다(○).

매다 1 끈이나 줄 따위의 두 끝을 엇걸고 잡아당기어 풀어지지
아니하게 마디를 만들다.
(예) 운동화 끈을 **매다**.

메다 1 어깨에 걸치거나 올려놓다.
(예) 어깨에 배낭을 **메다**.

'메다'와 '매다'는 단어의 형태가 비슷해서 헷갈리기 쉬운 단어
입니다. 손으로 잡아매어 마디를 이룬 것을 '매듭'이라 부릅니
다. '매듭을 매다'처럼 '매다'와 '매듭'을 연상시켜 사용하면 구
별하기 쉬워집니다.

또 '메다'와 '매다'는 각각 여러 가지 의미가 있으므로 문맥과 쓰임에 맞게 잘 선택해서 써야 합니다. '메다'와 '매다'의 다양한 의미를 예문과 함께 알아보겠습니다.

매다 2   끈이나 줄 따위로 꿰매거나 동이거나 하여 무엇을 만들다.
      (예) 붓을 **매다**.

매다 3   가축을 기르다.
      (예) 그는 축사에서 송아지 두 마리를 **매고** 있다.

매다 4   일정한 기준에 따라 사물의 값이나 등수 따위를 정하다.
      (예) 상품에 값을 **매다**.

매다 5   논밭에 난 잡풀을 뽑다.
      (예) 김을 **매다**.

메다 2   어떤 책임을 지거나 임무를 맡다.
      (예) 젊은이는 나라의 장래를 **메고** 나갈 사람이다.

메다 3   뚫려 있거나 비어 있는 곳이 막히거나 채워지다.
      (예) 하수도 구멍이 **메다**.

메다 4   어떤 장소에 가득 차다.
      (예) 시청 앞 광장이 **메어** 터지게 사람들이 들이닥쳤다.

메다 5   어떤 감정이 북받쳐 목소리가 잘 나지 않다.
      (예) 그녀는 너무 기뻐 목이 **메었다**.

용언

머지않다/멀지 않다

머지않아(○)/멀지 않아(×) 진실이 드러날 것이라 믿는다.

머지않다   시간적으로 멀지 않다.

     (예) **머지않아** 좋은 소식이 들려올 것이다.

멀지 않다   거리가 멀지 않다.

     (예) 회사는 집에서 그리 **멀지 않은** 곳에 있다.

'머지않다'는 시간적인 개념을 표현하는 말이고, '멀지 않다'는 공간적인 개념을 표현하는 말입니다. 둘은 구별해서 사용해야 합니다.

먹먹하다/멍멍하다

천둥소리에 귀가 먹먹하다(○)/멍멍하다(×).

먹먹하다 1   갑자기 귀가 막힌 듯이 소리가 잘 들리지 않다.
    (예) 바로 위에서 터지는 폭죽 소리에 귀가 **먹먹하다**.
먹먹하다 2   체한 것같이 가슴이 답답하다.
    (예) 자식들의 고달픈 삶을 보고 아버지는 가슴이 **먹먹하였다**.

멍멍하다   정신이 빠진 것같이 어리벙벙하다.
    (예) 나는 한동안 **멍멍한** 상태에서 깨어날 수 없었다.

'갑자기 귀가 막힌 듯이 소리가 잘 들리지 않는다'를 뜻하는 말은 '멍멍하다'가 아니고 '먹먹하다'입니다. '멍멍하다'는 '정신이 빠진 것 같이 어리벙벙하다'를 뜻하는 말입니다. 귀가 멍멍해지는 일은 없습니다.

멋적다/멋쩍다

그는 멋적은(×)/멋쩍은(○) 표정을 지어 보였다.

멋적다 '멋쩍다'의 틀린 표기.

멋쩍다 어색하고 쑥스럽다.
    (예 1) 평소 안 하던 짓을 하려니 **멋쩍구나**.
    (예 2) 한바탕 싸운 뒤라 그녀를 다시 만나는 게 **멋쩍었다**.

'멋(적)쩍다'를 '멋' + '(적)쩍다'로 구분해서 살펴보겠습니다.

'-적다/-쩍다'가 혼동될 수 있는 단어가 [적다]로 발음되는 경우는 '적다'로 씁니다.

그리고, '적다(少)'의 뜻이 유지되고 있는 합성어의 경우는 '-적다'로 쓰며, '적다(少)'의 뜻이 없이 [쩍다]로 발음되는 경우는 '-쩍다'로 씁니다.

'멋쩍다'는 '적다(少)'의 뜻을 파악하기 어렵기 때문에 '멋쩍다'로 쓰는 것이 올바른 표기입니다. 이와 비슷한 경우로, '맥쩍다/해망쩍다/겸연쩍다/객쩍다' 등이 있습니다.

메우다/메꾸다

영업 실적 부진으로 발생한 손실을 임대 수입으로 <u>메웠다(○)</u>/
<u>메꿨다(○)</u>.

메우다/메꾸다 1　시간을 적당히 또는 그럭저럭 보내다.

　　　　　　　　(예 1) 그녀는 워낙 혼자 있기를 좋아해서 지루한 시간을
　　　　　　　　잘 **메운다**.
　　　　　　　　(예 2) 그녀는 워낙 혼자 있기를 좋아해서 지루한 시간을
　　　　　　　　잘 <u>**메꾼다**</u>.

메우다/메꾸다 2　부족하거나 모자라는 것을 채우다.

　　　　　　　　(예 1) 아르바이트를 해서 부족한 생활비를 <u>**메웠다**</u>.
　　　　　　　　(예 2) 아르바이트를 해서 부족한 생활비를 <u>**메꿨다**</u>.

메우다/메꾸다 3　뚫려 있거나 비어 있는 곳을 막거나 채우다. '메다'의
　　　　　　　　사동사.

　　　　　　　　(예 1) 마당에 있던 우물을 <u>**메웠다**</u>.
　　　　　　　　(예 2) 마당에 있던 우물을 <u>**메꿨다**</u>.

'메우다'와 '메꾸다'는 둘 다 표준어입니다. 과거에는 '메우다'
만 표준어였지만, 2011년부터 '메꾸다'도 복수 표준어가 되었
습니다.

☞

'메우다'와 '메꾸다'는 여러 가지 의미를 지니고 있으며, 둘 중에 어느 것을 쓰더라도 같은 의미입니다. 다만, '어떤 장소를 가득 채우다'의 의미로 쓰이는 때에는 '메우다'만 써야 합니다.

(예) 월드컵 대표팀을 환영하는 인파가 광장을 가득 **메웠다**. (메꿨다(×))

박이다/박히다

손바닥에 굳은살이 박였다(○)/박혔다(×).

박이다 1 손바닥, 발바닥 따위에 굳은살이 생기다.
  (예) 마디마디 못이 박인 어머니의 손
박이다 2 버릇, 생각, 태도 따위가 깊이 배다.
  (예) 주말마다 등산하는 버릇이 몸에 박였다.

박히다 '박다'의 피동사.
  (예) 못을 박다. → 못이 박히다.

흔히 '굳은살이 박히다'로 잘못 쓰는 경우가 많이 있지만, '손바닥과 발바닥 따위에 굳은살이 생기다' 또는 '버릇, 생각, 태도 따위가 깊이 배다'를 뜻하는 말은 '박이다'입니다. 따라서 '굳은살이 박이다'로 써야 합니다.

참고로, '손에 못이 박이다'라는 표현에서 '못'은 '쇠, 대, 나무 따위로 가늘고 끝이 뾰족하게 만든 목재 따위의 접합이나 고정에 쓰는 물건'의 의미가 아닙니다. 이때 '못'은 '물건과 접촉할 때 받는 압력으로 살갗이 단단하게 된 주로 손바닥이나 발바닥에 생기는 단단하게 굳은살'을 의미합니다.

봐바/봐봐

저 사람 좀 봐바(×)/봐봐(○).

‘봐’는 동사 ‘보다’의 어간 ‘보-’에 종결어미 ‘-아’가 붙어서 줄
어든 말입니다. 평서형, 의문형, 명령형 등으로 쓰입니다.

　(예 1) 저기 저 빌딩 좀 **봐**. (평서형)

　(예 2) 이번 한국 시리즈 7차전 어디서 **봐**? (의문형)

　(예 3) 대충 보지 말고 잘 좀 **봐**. (명령형)

‘봐봐’는 ‘보아 보아’의 줄어든 말입니다. ‘봐 봐’로 띄어 쓰는
게 원칙이지만, ‘봐봐’로 붙여 쓰는 것도 허용됩니다.

‘봐봐’는 [봐봐]라고 발음하기 어렵기 때문에 [봐바] 또는 [바
바]로 발음하는 경우가 많습니다. 그렇지만 ‘봐바’는 ‘봐봐’의
틀린 표기입니다.

'봐봐'는 '봐'보다 듣는 사람의 부담을 덜어 주는 느낌이 있습니다.

  (예) 공부해 **봐**. = 공부를 시도해.
  공부해 **봐봐**. = 공부를 시도하는 것을 시도해.

다른 동사와 결합해서 쓰이기도 합니다. 앞서 동사의 동작을 허락하거나 권유하는 느낌이 생깁니다.

  (예) 먹어 봐, 가 봐, 신어 봐

배다/베다

몸에 벤(✕)/밴(○) 음식 냄새를 없애려고 향수를 뿌렸다.

배다 1   스며들거나 스며 나오다.
  (예) 옷에 땀이 **배다**.
배다 2   버릇이 되어 익숙해지다.
  (예) 일이 손에 **배다**.
배다 3   냄새가 스며들어 오래도록 남아 있다.
  (예) 담배 냄새가 옷에 **배었다**.
배다 4   느낌, 생각 따위가 깊이 느껴지거나 오래 남아 있다.
  (예) 농악에는 우리 민족의 정서가 **배어** 있다.

베다 1   날이 있는 연장 따위로 무엇을 끊거나 자르거나 가르다.
  (예) 낫으로 벼를 **베다**.
베다 2   날이 있는 물건으로 상처를 내다.
  (예) 칼로 살을 **베다**.

'배다'와 '베다'는 발음이 비슷해서 일상 대화에서 혼동해서 사용하는 경우가 많습니다. 두 단어는 여러 가지 의미로 쓰이므로 문맥에 맞게 구별해서 사용해야 합니다.

헷갈리는 표현

부치다/붙이다

봉투에 우표를 <u>부쳤다(×)</u>/<u>붙였다(○)</u>.

부치다 1   모자라거나 미치지 못하다.
           (예) 새로 맡은 일이 너무 힘에 **부친다**.

부치다 2   편지나 물건 따위를 보내다.
           (예) 부모님께 편지를 **부쳤다**.

부치다 3   논밭을 이용해 농사를 짓다.
           (예) 그는 고향에서 논밭을 **부치며** 살고 있다.

부치다 4   어떤 문제를 다른 곳 또는 기회로 넘기어 맡기다.
           (예) 기획팀은 그 안건을 이사회 안건에 **부쳤다**.

붙이다 1   맞닿아 안 떨어지게 한다.
           (예) 봉투에 우표를 **붙인다**.

붙이다 2   물체와 물체를 가깝게 놓다.
           (예) 책상을 벽에 **붙였다**.

붙이다 3   겨루는 일 따위를 시작하게 하다.
           (예) 좋은 물건은 흥정에 **붙인다**.

붙이다 4   감정이나 감각이 생겨나게 하다.
           (예) 그녀는 지난해부터 그림에 취미를 **붙였다**.

용언

'부치다'와 '붙이다'는 발음이 같아서 혼동해서 쓰는 경우가 많습니다. 또한 각각 여러 가지 다양한 뜻으로 쓰이기 때문에 사용할 때 헷갈리기 쉬운 단어입니다. 쓰임에 맞게, 의미에 따라 잘 구별해서 사용해야 합니다.

'붙다'의 의미가 살아 있으면 '붙이다'로 적고, 그렇지 않으면 '부치다'로 적습니다.

불고하다/불구하다

염치 불고(○)/불구(✕)하고 고맙게 받을게요.

불고(不顧)하다 돌아보지 아니하다.
(예) 체면을 **불고하다**.

불구(不拘)하다 얽매여 거리끼지 아니하다.
(예) 심한 감기 몸살에도 **불구하고** 출근했다.

많은 사람이 일상생활에서 '염치 불고하다'를 '염치 불구하다'로 잘못 쓰고 있습니다.

'염치(廉恥)'의 의미는 '체면을 차릴 줄 알며 부끄러움을 아는 마음'입니다. 이 뒤에 '불구하다'가 쓰이면 염치 따위는 생각하지 않고 제멋대로 한다는 의미가 됩니다.

따라서 '염치를 생각하지 못하다'라는 의미의 '염치 불고하다'로 써야 합니다.

붇다/붓다

편도선이 붇다(✕)/붓다(○).

붇다 1 물에 젖어서 부피가 커지다.
　　　(예) 콩이 **붇다**.
붇다 2 분량이나 수효가 많아지다.
　　　(예) 장마로 개울물이 **불었다**.
붇다 3 (주로 '몸'을 주어로 하여) 살이 찌다.
　　　(예) 며칠 동안 과식을 했더니 체중이 많이 **불었다**.

붓다 1 살가죽이나 어떤 기관이 부풀어 오르다.
　　　(예) 얼굴이 **붓다**. / 울어서 눈이 **붓다**. / 기관지가 **붓다**.
붓다 2 액체나 가루 따위를 다른 곳에 담다.
　　　(예) 불 난 집에 기름을 **붓는** 꼴이다.
붓다 3 불입금, 이자, 곗돈 따위를 일정한 기간마다 내다.
　　　(예) 은행에 금리가 높은 정기 적금을 **붓고** 있다.

'붓다'와 '붇다'는 문맥에 맞게 구분해서 사용해야 합니다. 사람의 신체가 부풀어 오른 경우에는 '편도선이 붓다'처럼 '붓다'를 쓰고, 사물의 수량이나 부피가 커지거나 늘어난 경우는 '국수가 붇다'처럼 '붇다'를 씁니다.

가끔 일상 대화에서 '국수가 불지 않도록 식기 전에 드세요'처럼 쓰는 경우가 있는데 이는 잘못된 표현입니다. '국수가 붇지 않도록 식기 전에 드세요'라고 써야 합니다.

헷갈리는 표현

비껴가다/비켜가다

태풍이 우리나라를 <u>비껴갔다(○)/비켜갔다(×)</u>.

비껴가다 1   비스듬히 스쳐 지나다.
            (예) 아침 햇살이 학교 교실을 **비껴갔다**.
비껴가다 2   어떤 감정, 표정, 모습 따위가 얼굴에 잠깐 스쳐 지나가다.
            (예) 철수의 눈가에 후회하는 빛이 **비껴가는** 것을 나는 보았다.

비키다 1   무엇을 피하여 있던 곳에서 한쪽으로 자리를 조금 옮기다.
            (예) 길에서 놀던 아이가 자동차 소리에 깜짝 놀라 옆으로 **비켰다**.
비키다 2   방해가 되는 것을 한쪽으로 조금 옮겨 놓다.
            (예) 철수는 통로에 놓였던 쌀독을 옆으로 **비켜** 놓았다.
비키다 3   무엇을 피하여 방향을 조금 바꾸다.
            (예) 영희는 사람들로 가득한 거리에서 사람들을 **비켜** 가며
            빨리빨리 걸었다.

'비키다'는 사람이나 동물이 가는 방향에 있는 어떤 것을 피해서 지나가거나 옮겨 가는 것을 뜻합니다.

'앞에 빗쟁이가 있어서 가던 길을 비켜 갔다' '물이 괴어 있는 곳을 비켜 갔다' 등에서는 빗쟁이나 물이 괴어 있는 곳을 피해 간다는 의미가 있으므로 '비켜 가다'를 쓰는 것이 옳습니다.

☞

용언

이에 비해 '비끼다'는 어떤 것에 대해 비스듬하게 또는 정확한 방향이 아닌 조금 옆으로 벗어난 방향으로 지나가는 것을 뜻합니다.

'칼을 비껴 찼다'에서는 칼을 비스듬하게 찼다는 의미로 쓰인 것이고, '태풍이 우리나라를 비껴갔다'에서는 태풍이 우리나라로 지나가지 않고 우리나라 옆으로 지나갔다는 의미로 쓰인 것이므로 '비껴가다'로 써야 옳습니다.

빌다/빌리다

이 자리를 <u>빌어(✕)/빌려(○)</u> 감사의 말씀을 드립니다.

'빌다'와 '빌리다'를 혼동해서 쓰는 경우가 많이 있습니다. '빌다'는 '① 구걸하다'와 '② 기원하다'의 의미를 지니고, '빌리다'는 '빌려 쓰다'의 의미가 있습니다.

즉, 남의 물건을 돌려주기로 하고 쓰는 것은 '빌리다'이지만, 남의 물건을 거저 달라고 사정하는 것은 '빌다'인 것입니다. 예를 들어, 돈을 돌려주기로 하고 얻어 쓰는 것은 '빌려 쓰다'로, 밥을 거저 얻어먹는 것은 '빌어먹다'로 써야 합니다.

'빌다'와 '빌리다'의 다양한 쓰임을 예문과 함께 알아보겠습니다.

빌다 1　남의 물건을 공짜로 달라고 호소하여 얻다.
　　　　　(예) 옆집 아주머니에게 양식을 **빌었다**.
빌다 2　바라는 바를 이루게 하여 달라고 신이나 사람, 사물 따위에 간청하다.
　　　　　(예) 그녀는 절에 가서 부처님께 소원을 **빌었다**.
빌다 3　잘못을 용서하여 달라고 호소하다.
　　　　　(예) 소년은 무릎을 꿇고 선생님께 용서를 **빌었다**.

☞

용언

빌리다 1   남의 물건이나 돈 따위를 나중에 도로 돌려주거나 대가를 갚기로 하고 얼마 동안 쓰다.

(예) 어쩔 수 없이 은행에서 돈을 **빌렸다**.

빌리다 2   남의 도움을 받거나 사람이나 물건 따위를 믿고 기대다.

(예) 남의 손을 **빌려** 그 일을 처리할 생각은 하지 말아라.

빌리다 3   일정한 형식이나 이론, 또는 남의 말이나 글 따위를 취하여 따르다.

(예) 성경에 있는 하느님의 말씀을 **빌려** 설교한다.

빌리다 4   어떤 일을 하기 위해 기회를 이용하다.

(예) 이 자리를 **빌려** 고맙다는 말씀을 전합니다.

삐지다/삐치다

그녀는 사소한 일에도 쉽게 삐지는(○)/삐치는(○) 성격이다.

'삐지다'와 '삐치다' 모두 표준어입니다. 두 단어는 모두 '성나
거나 못마땅해서 마음이 토라지다'라는 의미입니다.

　(예 1) 그렇게 조그만 일에 **삐치다니** 큰일을 못할 사람일세.

　(예 2) 친구들에게 놀림을 당한 영수는 **삐져서** 집에 가 버렸다.

사사받다/사사하다

김 선생님에게서 서예를 <u>사사받았다(×)/사사했다(○)</u>.

사사받다 '사사하다'의 틀린 표현.

사사하다(師事하다) 스승으로 섬기다. 또는 스승으로 삼고 가르침을
받다.
(예) 김 대리는 박 팀장님에게 일 년 동안 바둑을 **사사해서** 지금은
고수가 되었다. (* 박 팀장님에게 바둑을 배웠다는 의미)

'사사(師事)'는 '스승으로 삼고 가르침을 받음'의 뜻이므로, 뒤
에 '-받다'가 오면 동어(同語) 반복이 됩니다. 따라서 '-하다'를
써서 '사사하다'로 쓰는 것이 바른 표현입니다.

마찬가지로, '상을 받는다'는 의미인 '수상(受賞)'도 '수상받다'
가 아닌 '수상하다'로 써야 합니다.

삭히다/삭이다

너무 화가 나서 분을 삭히지(×)/삭이지(○) 못했다.

'삭이다'와 '삭히다'는 모두 동사 '삭다'의 사동사입니다. 동사 '삭다'는 여러 가지 뜻을 지니고 있습니다.

삭다 1   물건이 오래되어 본바탕이 변하여 썩은 것처럼 되다.
　　　　(예) **삭은** 나무토막.
삭다 2   김치나 젓갈 따위의 음식물이 발효되어 맛이 들다.
　　　　(예) 젓갈이 **삭다**. → 젓갈을 **삭히다**. (*사동사)
삭다 3   긴장이나 화가 풀려 마음이 가라앉다.
　　　　(예) 분이 **삭다**. → 분을 **삭이다**. (*사동사)
삭다 4   사람의 얼굴이나 몸이 생기를 잃다.
　　　　(예) 며칠 앓더니 몸이 많이 **삭았구나**.

제시문에서 '삭이다'는 '(화 또는 슬픔 등의 감정이) 삭다'의 사동형으로 '화를 좀 삭여봐' '울분을 속으로만 삭이다'와 같이 쓸 수 있습니다.

이와 달리 '삭히다'는 '(음식물이) 삭다'의 사동형으로 '삭힌 홍어' '밥을 삭혀 만든 식혜'처럼 씁니다.

기분을 가라앉힐 때는 '삭이다', 음식을 발효시킬 때는 '삭히다'를 써야 합니다.

심난하다/심란하다

마음이 심난하여(✕)/심란하여(○) 일이 손에 안 잡힌다.

심난하다(甚難하다)   매우 어렵다.
(예) 말씀 도중에 아버지는 **심난했던** 지난날이
생각나시는지 눈시울이 붉어지셨다.

심란하다(心亂하다)   마음이 어수선하다.
(예) 무슨 일이 있는지 어머니께서는 **심란한** 표정을
짓고 계신다.

'심난하다'는 형편이나 처지 등이 매우 어렵다는 뜻이고, '심란하다'는 마음이 어수선하다는 뜻입니다. 문맥에 맞게 구별해서 사용해야 합니다.

생각건대/생각컨대

돌이켜 <u>생각건대(○)/생각컨대(×)</u>, 정말 힘든 일이었다.

'~하다'가 줄어들 때는 '하'가 통째로 줄어드는 경우가 있고, 'ㅏ'만 줄고 'ㅎ'이 남아서 다음 음절의 첫소리와 결합하는 경우가 있습니다.

1. '-하다' 앞의 받침이 [ㄱ/ㄷ/ㅂ]으로 소리 나는 때에는 '하'가 통째로 줄어듭니다.

   (예 1) 거북하다 → 거북하지 → 거북지
   (예 2) 생각하다 → 생각하건대 → 생각건대
   (예 3) 답답하다 → 답답하다 못해 → 답답다 못해
   (예 4) 깨끗하다 → 깨끗하지 않다 → 깨끗지 않다

2. '-하다' 앞의 받침이 [ㄱ/ㄷ/ㅂ] 외의 소리일 때에는 'ㅏ'만 줄고 'ㅎ'이 남아서 다음 음절의 첫소리가 거센소리(격음)가 됩니다.

   (예 1) 간편하다 → 간편하게 → 간편케
   (예 2) 다정하다 → 다정하다 못해 → 다정타 못해
   (예 3) 연구하다 → 연구하도록 → 연구토록
   (예 4) 무심하다 → 무심하지 않게 → 무심치 않게

용언

생때같다/생떼

생때(×)/생떼(○) 부려도 소용없어.

생때같다 1 (주로 '생때같은' 꼴로 쓰여) 아무 탈 없이 멀쩡하다.
   (예) **생때같은** 사람이 교통사고로 하루아침에 불구의 몸이
   되었다.
생때같다 2 공을 많이 들여 매우 소중하다.
   (예) 사업 실패로 **생때같은** 내 돈을 다 날렸다.

생떼 억지로 쓰는 떼.
   (예) 생떼를 부리다.

'억지로 쓰는 떼'를 의미하는 '생떼'는 오직 명사로만 쓰입니다.

이에 비해다 '아무 탈 없이 멀쩡하다' 또는 '공을 많이 들여 매
우 소중하다'는 의미의 형용사 '생때같다'는 주로 자식 같은 아
랫사람이나 물건에 대해서 쓰입니다. '생때'는 단독으로 쓰이
지 않으며 반드시 '생때같다'로 써야 합니다.

아니에요/아니예요

그것은 제가 한 일이 <u>아니에요(○)/아니예요(×)</u>.

일상 대화에서 '에요'와 '예요'의 발음 구별이 쉽지 않습니다. 그래서 말로 할 때는 정확하게 구별하지 않아도 의사소통에 문제가 없지만, 막상 글로 표기를 하려고 하면 헷갈리는 것이 '에요'와 '예요'입니다.

이제 걱정하지 마세요. 다음과 같이 크게 세 가지 경우만 알아 두시면 됩니다.

1. 용언인 '이다'와 '아니다'의 어간 뒤에는 '-에요'가 어미로 붙습니다.

　(예) 아니에요.

2. 받침이 없는 체언 뒤에는 서술격 조사 어간인 '이(다)'가 붙고, 그 뒤에 어미 '-에요'가 붙습니다. 다만, 실제로는 '-이에요'의 준말 형태인 '-예요'로 쓰입니다. 따라서 받침이 있는 체언 뒤에는 '-이에요'로, 받침이 없는 체언 뒤에는 '-예요'로 쓰면 됩니다.

　(예 1) **책상**이에요. 제가 번 **돈**이에요.
　(예 2) **모자**예요. **어디**예요? 안 보낼 **거**예요.

용언

3. 받침으로 끝나는 사람 이름의 뒤에는 어조를 고르는 접미사 '-이'가 덧붙습니다. 따라서 사람 이름의 뒤에는 받침이 있는 경우, 없는 경우 모두 '-예요'가 쓰입니다.

　(예 1) **재호**예요.

　(예 2) **아린**이예요.

않 된다/안 된다

그러면 않 된다(×)/안 된다(○).

'안'은 부정 또는 반대의 뜻을 나타내는 부사 '아니'의 준말로, 동사 또는 형용사를 수식합니다.

(예 1) 철수가 밥을 **안 먹는다**.

(예 2) 정장 차림에 고무신은 **안 어울린다**.

(예 3) 제가 **안 했습니다**.

'않-'은 용언에 붙어서 부정의 뜻을 더하는 보조용언 '아니하-'의 준말입니다. '않-'은 주로 '-지 않-'의 꼴로 용언에 덧붙어 함께 서술어를 구성할 때 쓰입니다.

(예 1) 철수가 밥을 **먹지 않았다**.

(예 2) 정장 차림에 고무신은 **어울리지 않는다**.

(예 3) 제가 **하지 않았습니다**.

참고로 '안'은 가리고 읽었을 때 말이 되지만, '않'은 가리고 읽으면 말이 되질 않습니다.

(예 1) 숙제를 안 했다. / 숙제를 □ 했다.

(예 2) 숙제를 하지 않았다. / 숙제를 하지 □았다.

용언

애끊다/애끓다

교통사고로 죽은 큰딸을 떠올릴 때마다 애끊는(○)/애끓는(×)
아픔을 가눌 길이 없다.

애끊다   몹시 슬퍼서 창자가 끊어질 듯하다.
       (예) 애끊는 사모의 정 * 유의어 : 소혼단장(消魂斷腸)하다

애끓다   몹시 답답하거나 안타까워 속이 끓는 듯하다.
       (예) 애끓는 하소연

'애'는 '창자'의 옛말입니다. '애끓다'는 '몹시 답답하거나 안타
까워 속이 끓는 듯하다'의 뜻을, '애끊다'는 '몹시 슬퍼서 창자
가 끊어질 듯하다'라는 뜻을 나타내므로, 뜻을 고려하여 문맥
에 맞게 써야 합니다.

예를 들어, 자식을 잃은 부모의 마음은 속이 끓는 정도가 아니
고 창자가 끊어지는 듯한 고통일 것입니다. 따라서 다음과 같이
써야 합니다.
     (예) 자식 둘을 먼저 떠나보낸 부모의 **애끊는** 사연을 들었습니다.

앳되다/앳띠다

앳된(○)/앳띤(×) 외모에 성품도 좋았다.

앳되다   애티(어린 태도나 모양)가 있어서 어려 보이다.
(예) 소녀의 **앳된** 얼굴이 떠오른다.

앳띠다   '앳되다'의 방언. 표준어로 인정하지 않음.

애티가 있어서 어려 보임을 뜻하는 말로 '앳되다'를 '애띠다'로
잘못 쓰는 경우가 종종 있으나, 이는 잘못된 표기입니다. 다음
과 같이 써야 합니다.
(예 1) 그녀는 목소리가 **앳되다**.
(예 2) 그는 나이에 비해 무척 **앳돼** 보인다. (앳되어 → 앳돼)

양해를 구하다/자문을 드리다

양해 말씀을 드립니다(×)/양해를 구합니다(○).
자문을 구합니다(×)/자문을 드립니다(○).

'양해(諒解)'는 남의 사정을 잘 헤아려 너그러이 받아들임을 의미합니다. 따라서 '양해 말씀을 드립니다'라고 하면 말하는 사람이 내가 너그러이 받아들여 주겠다는 의미가 되어 이상한 말이 되어 버립니다.

그러므로, '양해를 구하다' 또는 '양해를 바라다'로 써야 합니다.

'자문(諮問)'은 어떤 일을 좀 더 효율적이고 바르게 처리하려고 그 방면의 전문가나, 전문가들로 이루어진 기구에 의견을 물음을 의미합니다. 따라서 '자문을 구하다'라고 하면 나에게 좀 물어봐 달라는 이상한 표현이 됩니다.

그러므로, '자문을 하다' 또는 '자문을 드리다'로 써야 합니다. '조언을 구하다'나 '의견을 듣다' 등으로도 쓸 수 있습니다.

어중간하다/어중되다/어지간하다/
엔간하다/웬만하다

<u>엔간하면(○)/엥간하면(×)</u> 그냥 둬.

'대중으로 보아 정도가 표준에 꽤 가깝다'는 의미의 말로 '엥간하다'를 쓰는 사람이 적지 않습니다. 하지만 '엔간하다'가 바른 표기이자 표준어입니다.

'이도 저도 아니어서 어느 것에도 알맞지 아니하다'라는 의미로 쓰는 '어중띠다'도 '어중되다'의 잘못된 표기입니다. '어중되다'만 표준어로 삼습니다.

비슷한 의미이지만 쓰임새가 다른 '어중간하다/어중되다/어지간하다/엔간하다/웬만하다'를 각각의 사례를 들어 알아보겠습니다.

어중간하다 1   거의 중간쯤 되는 곳에 있다.

        (예) 우리 집과 친구의 집이 서로 반대 방향이었으므로 시내 **어중간한** 곳에서 만나기로 했다.

어중간하다 2   이것도 저것도 아니게 두루뭉술하다.

        (예) 그녀는 늘 내게 존대도 반말도 아닌 **어중간한** 말투를 쓴다.

용언

어중간하다 3   시간이나 시기가 이러기에도 덜 맞고 저러기에도 덜
맞다.

(예) 낮은 따뜻해도 아침과 저녁은 아직 쌀쌀해서 봄옷
입기가 **어중간하다**.

어중되다   이도 저도 아니어서 어느 것에도 알맞지 아니하다.

(예) 회사에서 집까지는 차를 타기에도 걸어서 가기에도 **어중된**
거리다.

어지간하다 1   수준이 보통에 가깝거나 그보다 약간 더 하다.

(예) 국어 성적은 **어지간하게** 올랐으니 이젠 수학 성적에
신경 좀 써라.

어지간하다 2   정도나 형편이 기준에 크게 벗어나지 아니한 상태에
있다.

(예) **어지간하면** 오늘 다 끝내자.

어지간하다 3   생각보다 꽤 무던하다.

(예) 너는 성격이 **어지간하니까** 잘 참을 것이다.

엔간하다   대중으로 보아 정도가 표준에 꽤 가깝다.

(예) 철수는 고집이 어찌나 센지 **엔간해서는** 그 고집을 꺾을 수도
없다.

웬만하다 1   정도나 형편이 표준에 가깝거나 그보다 약간 낫다.

(예) 먹고살기가 **웬만하지** 못하다.

웬만하다 2   허용되는 범위에서 크게 벗어나지 아니한 상태에 있다.

(예) **웬만한** 사람은 다 아는 일이라 숨길 것도 없다.

어줍잖다/어쭙잖다

대학생 신분에 어줍잖게(×)/어쭙잖게(○) 수입차를 몬대?

어쭙잖다 1 비웃음을 살 만큼 언행이 분수에 넘치는 데가 있다.
(예) 제 앞가림도 잘 못하면서 **어쭙잖게** 남의 일에 참견하지
마라.

어쭙잖다 2 아주 서투르고 어설프다. 또는 아주 시시하고 보잘것없다.
(예) 애당초 경찰에서 수사할 만한 대상이 아닌 **어쭙잖은**
일이다.

한 단어 안에서 뚜렷한 까닭 없이 나는 된소리는 다음 음절의
첫소리를 된소리로 표기합니다.

'어쭙잖다'는 뚜렷한 까닭 없이 된소리로 발음되며, 그 발음을
표기에 반영하여 적기 때문에 '어줍잖다'가 틀린 표기입니다.

우겨넣다/욱여넣다

책 몇 권을 가방에 우겨넣었다(×)/욱여넣었다(○).

우겨넣다   '욱여넣다'의 틀린 표기.

욱여넣다   주위에서 중심으로 함부로 밀어 넣다.
　　　　　 (예) 사탕 한 움큼을 주머니에 **욱여넣었다**.

어딘가에 함부로 밀어 넣는다는 의미로 '우겨넣다'를 잘못 사용하는 경우가 있습니다. '욱여넣다'가 바른 표기입니다.

　(예 1) 김 과장은 다른 직원들이 보기 전에 얼른 책상 위에 있던 서류를 가방에 **욱여넣었다**.

　(예 2) 할머니는 맷돌을 돌리면서 콩을 작은 구멍에 계속 **욱여넣으신다**.

우려먹다/울궈먹다

그는 그 농담을 여러 번 우려먹었다(○)/울궈먹었다(✕).

우려먹다 1　음식 따위를 우려서 먹다.
　　　　　　　(예) 한약은 원래 여러 번 **우려먹는다**.
우려먹다 2　이미 썼던 내용을 다시 써먹다.
　　　　　　　(예) 그녀는 그 논문을 몇 번씩이나 **우려먹었다**.

울궈먹다　'우려먹다'의 비표준어.

일상 대화에서 '우려먹다'의 의미로 '울궈먹다'를 쓰는 경우가 많이 있습니다. 하지만 이는 비표준어입니다. '우려먹다'로 써야 합니다.

움추리다/움츠리다

민망해서 고개를 움추렸다(×)/움츠렸다(○).

움추리다 '움츠리다'의 방언. 표준어로 인정하지 않음.

움츠리다 1 몸이나 몸의 일부를 몹시 오그려 작아지게 하다.
(예) 추워서 몸을 **움츠렸다**.

움츠리다 2 겁을 먹거나 위압감 때문에 몹시 기가 꺾이거나 풀이 죽다.
(예) 그는 가족에게 늘 미안한 마음으로 너무 **움츠리며**
살아왔다.

'움츠리다'를 종종 '움추리다'로 쓰는 경우가 있습니다. 이는 일부 지역에서 방언으로 통용되는 말이지만 표준어가 아닌 틀린 표기입니다.

비슷한 의미의 말로 '웅크리다' '쭈그리다' '오그리다' '사리다' '기죽다' 등이 있습니다.

'움츠리다'는 준말인 '움치다'로 쓸 수 있습니다.
(예) 외로움에 떨며 하숙방에서 **움치고** 지낸다.

잇달다/잇따르다/연달다

택시가 잇달아(○)/잇따라(○)/연달아(○) 오고 있다.

'잇달다/잇따르다/연달다'는 단어의 형태는 다르지만, 목적어를 필요로 하지 않는 자동사로 쓰이는 경우 같은 의미와 쓰임을 가진 말들입니다. '연달다'의 경우 주로 '연달아'의 형태로 쓰입니다.

잇달다/잇따르다/연달다 1   움직이는 물체가 다른 물체의 뒤를 이어 따르다.

잇달다/잇따르다/연달다 2   어떤 물체가 다른 물체의 뒤를 이어 따르다. 또는 다른 물체에 이어지다.

(예 1) 지난달에는 실종 사건이 **잇달았다**.

(예 2) 지난달에는 실종 사건이 **잇따랐다**.

(예 3) 지난달에는 실종 사건이 **연달았다**.

→ 지난달에는 실종 사건이 **연달아 발생했다**.

다만, '잇달다'는 '일정한 모양이 있는 사물을 다른 사물에 이어서 달다'라는 의미로, 목적어를 가지는 타동사로도 쓰입니다. '잇따르다'와 '연달다'는 타동사로 쓰이지 않습니다.

  (예) 화물칸을 객차 뒤에 **잇달았다**. (잇따랐다(×) / 연달았다(×))

한편 '잇따르다'의 관형형을 '잇딴'으로 잘못 쓰는 일이 많습니다. 하지만 이는 잘못된 표기입니다. '잇따른'이 맞습니다.

(예) **잇딴** 사고 (✕) → **잇따른** 사고(○) 또는 **잇단** 사고(○)

자상하대/자상하데

① 남편 참 자상하대.
② 남편 참 자상하데.

'-대'와 '-데'는 발음도 구별하기 어렵고 그 쓰임도 구별해서 사용하기가 쉽지 않습니다. 일상 대화 속에서는 굳이 구별하지 않아도 의사소통에 문제가 없지만, 기본적으로 둘의 의미가 전혀 다르므로 글로 쓸 때는 주의해야 합니다.

제시문 ①에서 '-대'는 남이 말한 내용을 말하는 사람이 듣고 간접적으로 전할 때 쓰입니다. '-대'는 '-다고 해/-라고 해'의 의미입니다. 따라서 이 문장에서는 '누가 그러던데 그 사람 남편이 참 자상하다고 해'라는 의미입니다.

제시문 ②에서 '-데'는 말하는 사람이 직접 경험한 사실을 말할 때 쓰입니다. '-데'는 '-더라'의 의미입니다. 따라서 이 문장에서는 '내가 직접 만나봤는데 그 사람 남편이 참 자상하더라'라는 의미입니다.

  (예 1) 병현이가 그러는데 정은이가 예쁘**대**. (간접 경험 전달)
  (예 2) 내가 듣기로 윤석이는 매달 책을 열 권씩 읽는**대**. (간접 경험 전달)
  (예 3) 내가 겪어보니 그 친구 겉보기와는 완전히 다르던**데**. (직접 경험
       전달)
  (예 4) 철수 결혼식에 갔었는데 신부가 진짜 예쁘**데**. (직접 경험 전달)

용언

한편, '-대'와 '-데'는 의문문의 종결어미로 사용될 때도 있습니다. 이 경우에도 둘의 의미가 좀 다릅니다.

'-대'는 주어진 사실에 대한 의문이나 의아함을 나타내는 말로 놀라거나 못마땅하게 여기는 뜻이 섞여 있습니다. 그리고 의문문의 형태지만 상대의 답을 요구하지 않습니다.

　(예 1) 오늘따라 왜 저러신**대**?

　(예 2) 사람이 이렇게 많은데 옷을 어떻게 벗는**대**?

이에 비해 '-데'는 듣는 사람의 반응을 기다리는 태도를 나타내거나 일정한 대답을 요구하며 물어보는 때에 쓰입니다.

　(예 1) 도대체 왜 그러는**데**?

　(예 2) 날 보고 뭘 어쩌라는**데**?

헷갈리는 표현

절다/쩔다/찌들다

땀에 절은(×)/쩐(×)/찌든(×)/전(○) 옷을 빨았다.

절다 1 푸성귀나 생선 따위에 소금기나 식초, 설탕 따위가 배어들다.
(예) 배추가 소금에 **절다**. → <사동사> '절이다' : 배추를 소금에
절이다.

절다 2 땀이나 기름 따위의 더러운 물질이 묻거나 끼어 찌들다.
(예) 기름때에 **전** 작업복

절다 3 사람이 술이나 독한 기운에 의하여 영향을 받게 되다.
(예) 그는 술에 **절어** 거의 폐인이 되었다.

'땀에 절었다'는 표현에서 '땀이나 기름 따위의 더러운 물질이
묻거나 끼어 찌들다'의 의미를 지닌 동사의 기본형은 '절다' 입
니다.

이를 '땀에 쩐'이나 '땀에 찌든'으로 쓰는 경우가 있지만 모두
틀린 표기입니다. 한국어에 '쩔다'라는 말이 없습니다. 그래서
'쩐'이라는 표기 자체가 불가능합니다.

용언

또한, '찌들다'는 말은 '물건이나 공기 따위에 때나 기름이 들러붙어 몹시 더러워지다' 또는 '좋지 못한 상황에 오랫동안 처하여 그 상황에 몹시 익숙해지다'는 의미입니다. '땀에 젖었다'를 표현하기에 적합하지 않습니다.

'땀에 전/땀에 젖은/땀이 밴'과 같이 쓰는 것이 올바른 표기입니다.

젓다/젖다

그 애는 고개를 젓고(○)/젖고(✕) 먼 산을 바라봤다.

젓다 1   액체나 가루 따위가 고르게 섞이도록 손이나 기구 따위를
              내용물에 넣고 이리저리 돌리다.
              (예) 죽을 **젓다**.

젓다 2   배나 맷돌 따위를 움직이기 위하여 노나 손잡이를 일정한
              방향으로 계속 움직이다.
              (예) 노를 **젓다**.

젓다 3   거절하거나 싫다는 표시로 머리나 손을 흔들다.
              (예) 고개를 **젓다**.

젖다 1   물이 배어 축축하게 되다.
              (예) 속옷이 땀에 **젖다**.

젖다 2   어떤 영향을 받아 몸에 배다.
              (예) 낡아빠진 관습에 **젖어** 있는 사람.

젖다 3   어떤 심정에 잠기다.
              (예) 슬픔에 **젖은** 눈

젖다 4   감각에 익다.
              (예) 귀에 **젖은** 아버지의 노랫가락.

'젖다'와 '젓다'는 발음이 같아서 막상 표기할 때 헷갈리기 쉬운 단어입니다. 대체로 '젖다'는 액체나 감정이 스며들거나 그것에 빠져드는 때 쓰이며, '젓다'는 손이나 팔 또는 고개를 움직여서 흔들 때 쓰입니다.

163

☞

용언

다음 예문에서 쓰인 단어는 '젖다' 일까요? '젓다' 일까요?

(예) 팔을 힘차게 **저으며** 앞으로 나아갔다.

팔을 움직여 흔든다는 의미로 쓰였으니 '젓다'가 맞습니다.

조리다/졸이다

무를 넣고 생선을 조렸다(○)/졸였다(×).

조리다 1 양념을 한 고기나 생선, 채소 따위를 국물에 넣고 바짝
끓여서 양념이 배어들게 하다.
(예) 생선을 **조리다**.

조리다 2 물의 열매나 뿌리, 줄기 따위를 꿀이나 설탕물 따위에 넣고
계속 끓여서 단맛이 배어들게 하다.
(예) 딸기를 사다가 설탕물에 넣고 **조렸다**.

졸이다 1 찌개, 국, 한약 따위의 물을 증발시켜 분량을 적어지게 하다.
동사 '졸다'의 사동사 형태.
(예) 된장찌개를 **졸이다**.

졸이다 2 (주로 '마음' '가슴' 따위와 함께 쓰여) 속을 태우다시피
초조해하다.
(예) 수능 시험을 앞두고 마음을 **졸이다**.

'조리다'와 '졸이다'는 발음이 같기도 하지만 그 쓰임이 매우
헷갈리는 단어입니다. '조리다'는 양념의 맛이 재료에 푹 스며
들도록 국물이 거의 없을 정도로 바짝 끓여 내는 것을 말합니
다. 반면에 '졸이다'는 찌개나 국의 국물을 줄게 하는 것을 말합
니다.

따라서 '생선을-'의 경우는 '조리다'를 쓰는 것이 적합하며, '국
물을-'의 경우는 '졸이다'를 쓰는 것이 적합합니다.

좇다/쫓다

그는 평소 명예를 좇는(○)/쫓는(×) 젊은이다.

좇다 1 목표, 이상, 행복 따위를 추구하다.
    (예) 그는 평소 명예를 **좇는** 젊은이다.

좇다 2 남의 말이나 뜻을 따르다.
    (예) 아버지는 할아버지의 유언을 **좇았다**.

좇다 3 규칙이나 관습 따위를 지켜서 그대로 하다.
    (예) 굳이 그런 관례를 **좇을** 이유가 없다.

쫓다 1 어떤 대상을 잡거나 만나기 위해 뒤를 급히 따르다.
    (예) 휴대폰을 놓고 간 손님을 **쫓아** 밖으로 뛰어나갔다.

쫓다 2 어떤 자리에서 떠나도록 몰다.
    (예) 벼 이삭을 노리는 새를 **쫓았다**.

쫓다 3 밀려드는 졸음이나 잡념 따위를 물리치다.
    (예) 머릿속에 드는 망상을 애써 **쫓았다**.

'좇다'와 '쫓다'는 쓰임이 다른 말입니다. 목표, 이상, 행복을 추구하거나 남의 말과 뜻을 따른다는 의미일 경우에는 '좇다'를; 어떤 대상을 뒤따르거나 떠나도록 몰아낸다는 의미일 경우에는 '쫓다'를 씁니다.

주책맞다/주책없다/주책이다

주책맞게(○)/주책없이(○) 왜 이러니? 너 이러는 거 정말
주책이야.

주책이다 (사람이나 그 언행이) 일정한 줏대나 요량이 없이 자꾸
이랬다저랬다 하여 몹시 실없는 데가 있다.
(예) 어머니께서는 다 늙은 남자가 **주책이라며** 아버지를
말리셨다.

주책없다 일정한 줏대가 없이 이랬다저랬다 하여 몹시 실없다.
(예) 도대체 누가 그런 **주책없는** 소리를 하는 거야?

명사 '주책'은 '일정하게 자리 잡힌 주장이나 판단력' 또는 '일
정한 줏대가 없이 되는대로 하는 짓'이란 의미입니다. 따라서
어떤 상황에 맞지 않는 말이나 행동을 할 때 '주책없다' 또는
'주책이다'라고 씁니다.

'주책이다'는 본래 '주책없다'의 비표준어였으나, '주책없다'와
동일한 뜻으로 널리 쓰이는 것으로 판단해 2017년 표준어로 인
정하였습니다.

또한, '주책을 떨다/주책을 부리다/주책이 심하다/주책맞다'와
같이 쓸 수도 있습니다.
(예) 그는 평소에도 **주책맞은** 사람처럼 오락가락하는 때가 많다.

째째하다/쩨쩨하다

너무 <u>째째하게(×)</u>/<u>쩨쩨하게(○)</u> 굴지 마라.

째째하다 '쩨쩨하다'의 틀린 표현.

쩨쩨하다 1 너무 적거나 하찮아서 시시하고 신통치 않다.
    (예) 겨우 천 원을 깎아 주다니 정말 **쩨쩨하다**.
쩨쩨하다 2 사람이 잘고 인색하다.
    (예) 너무 **쩨쩨하게** 굴지 마라.

'쩨쩨하다'를 '째째하다'로 잘못 쓰는 경우가 많이 있습니다. '쩨쩨하다'가 올바른 표기입니다.

비슷한 의미의 말로 '쫀쫀하다'가 있습니다. 예전에는 '피륙 (천)의 짜임새가 잘고 곱다'라는 좋은 의미였으나, 지금은 그런 의미가 사라지고 '소갈머리가 좁고 인색하며 치사하다'라는 의미로만 사용됩니다.

또한, '쩨쩨한 사람'이라는 의미의 '좀팽이'라는 말도 있습니다.

칠칠맞아서/칠칠맞지 못해서

<u>칠칠맞아서(×)/칠칠맞지 못해서(○)</u> 물건을 잘 잃어버려.

'칠칠맞다'는 뜻을 알고 있으면서도 일상 대화에서 종종 잘못 쓰는 표현입니다. '칠칠맞다'는 '성질이나 일 처리가 반듯하거 나 야무지다'는 의미의 '칠칠하다'를 속되게 이르는 말입니다.

그런데 '칠칠하다'와 '칠칠맞다'는 주로 부정 표현인 '못하다' '않다'와 함께 쓰입니다. 다음의 예문처럼 사용해야 합니다.

(예 1) 그는 매사에 **칠칠하지 못하다**.

(예 2) **칠칠치 않아서** 이 모양 이 꼴이군요.

(예 3) **칠칠치 못한** 속옷 차림으로 방에서 급하게 뛰어나왔다.

(예 4) 그녀의 **칠칠치 않은** 일 처리는 늘 문제가 되곤 한다.

퀴퀴하다/퀘퀘하다

장마철이라 <u>퀴퀴(○)/퀘퀘(×)</u>한 냄새가 난다.

퀴퀴하다　상하고 찌들어 비위에 거슬릴 정도로 냄새가 구리다.
　　　　　(예) 장마철에는 집 안 곳곳에서 퀴퀴한 냄새가 난다.

퀘퀘하다　'퀴퀴하다'의 비표준어.

불쾌한 냄새가 날 때 '퀘퀘한 냄새'로 표현하는 경우가 있는데 이는 잘못된 표현입니다. '퀴퀴한 냄새'가 바른 표기입니다.

'퀴퀴하다' 보다 어감(語感)이 약한 말은 '쾨쾨하다'입니다. 이것을 흔히 비슷한 발음인 '퀘퀘하다'로 잘못 사용하는 경우가 많습니다.

'퀴퀴하다' 또는 '쾨쾨하다'가 표준어입니다.

패다/패이다

보조개가 팬(○)/패인(×) 얼굴이 이쁘다.

동사 '파다'에 사동 또는 피동 접사 '이'를 더한 말이 '파이다' 입니다. 그리고 이를 줄인 말이 '패다' 입니다.

그런데 여기다가 또다시 사동 또는 피동 접사 '이'를 더한 말이 '패이다'입니다. 이를 풀어 쓰면 '파이이다'가 됩니다. '파이이다'는 틀린 말입니다. 사동 또는 피동 접사는 두 번 겹쳐 쓰지 않고 한 번만 써야 합니다.

따라서 '패인'은 '파인' 또는 '팬'으로, '패였다'는 '파였다' 또는 '패었다'로 써야 합니다.

  (예) 침수 피해로 도로 곳곳이 움푹 **패었다.** (파였다(○), 패였다(×)).

헷갈리다/헷갈리다

이번 시험에는 정답이 헷갈리는(○)/헷갈리는(○) 문제들이 많이 나왔다.

이전에는 '헷갈리다'가 '헷갈리다'의 잘못된 표기였습니다. 하지만 복수 표준어로 인정되어 이제 '헷갈리다'도 표준어가 되었습니다. 두 단어의 의미는 같습니다.

헷갈리다/헷갈리다 1   정신이 혼란스럽게 되다.
      (예) 반가움과 불안이 겹쳐 한순간 마음이 **헷갈렸다**.
헷갈리다/헷갈리다 2   여러 가지가 뒤섞여 갈피를 잡지 못하다.
      (예) 긴장한 탓에 공연 순서가 **헷갈렸다**.

핼쑥하다/핼쓱하다

독감 탓인지 얼굴이 <u>핼쑥하다(○)/핼쓱하다(×)</u>.

'얼굴에 핏기가 없고 창백하다'는 의미는 '핼쓱하다'가 아닌 '핼쑥하다'가 바른 표기입니다. 일상 대화에서 '핼쓱하다'로 잘못 쓰는 경우가 많은데 틀린 표현입니다.

비슷한 단어로 '얼굴에 핏기나 생기가 없이 파리하다'는 의미의 '해쓱하다'가 있습니다.

    (예) 그녀는 얼굴이 **해쓱하고** 몸이 바싹 마른 사람이다.

'핼쑥하다' 또는 '해쓱하다'가 맞는 표기입니다. '핼쓱하다'라는 말은 없습니다.

그 외

부사, 조사, 어미 등

갈가리/갈갈이

편지를 <u>갈가리(○)/갈갈이(×)</u> 찢어 버렸다.

갈가리   <부사> '가리가리'의 준말.
      (예) 무엇인가 그녀의 가슴속에서 **갈가리** 찢겨나갔다.

갈갈이   <명사> '가을 갈이'의 준말.
      (예) 아버지는 벌써부터 뒷논을 **갈갈이**하려고 준비하신다.

'갈갈이'와 '갈가리'는 의미에 맞게 구별해서 써야 합니다. 무 언가를 찢을 때 언뜻 '갈갈이'가 더 올바른 표기법처럼 보이지 만 '갈가리'가 바른 표기법입니다.

거저/그저

아무리 중고 자전거라도 거저(○)/그저(×) 가지려고 하면 곤란해.

거저 1 아무런 노력이나 대가 없이.
(예) 그가 힘들여 만든 물건을 **거저** 가지려 들면 곤란하다.

거저 2 아무것도 가지지 않고 빈손으로.
(예) 큰 조카의 돌잔치에 **거저** 갈 수야 없지.

그저 1 다른 일은 하지 않고 그냥.
(예) 그녀는 말없이 **그저** 웃기만 했다.

그저 2 ('그렇다', '그러하다' 따위와 함께 쓰여) 별로 신기할 것 없이.
(예) 요새는 **그저** 그렇게 지내고 있습니다.

그저 3 어쨌든지 무조건.
(예) **그저** 네가 끝까지 참는 게 좋겠다.

그저 4 특별한 목적이나 이유 없이.
(예) **그저** 한번 해본 말이니까 신경 쓰지 마라.

그저 5 아닌 게 아니라 과연. 남을 책망하거나 비난하는 뜻으로 쓴다.
(예) 내 네가 **그저** 그럴 줄 알았다.

'그저'와 '거저'는 일상 대화에서 많이 쓰는 부사입니다.

'그저'가 쓰이는 문장에서 대개는 '그냥'의 의미를 지니고 있습니다.

(예) **그저** 바라보기만 해도 좋은 사람 (그냥 바라보기만 해도 좋은 사람)

176

이에 비해 '거저'는 '공짜'의 의미가 있어서 '대가'와 관련이 있습니다.

　(예) **거저** 받은 행운 (공짜로 받은 행운)

'그저'와 '거저'는 각각 다양한 의미로 사용되며, 사용하는 경우가 다릅니다. 상황에 맞게 구별해서 써야 합니다.

그 외

거나하게/찐하게

다음에는 내가 거나하게(○)/찐하게(×) 한턱 낼게.

거나하다　술 따위에 취한 정도가 어지간하다.

　　　　(예) 그는 **거나하게(건하게)** 취하여 꾸벅꾸벅 졸았다.

　　　　* '건하다'는 '거나하다'의 줄임말입니다.

한턱내다　남에게 푸짐하게 한번 음식을 대접하다.

　　　　(예) 첫 월급을 받아서 친구들에게 한턱냈다.

찐하다　안타깝게 뉘우쳐져 마음이 언짢고 아프다.

　　　　(예) 돌아가신 어머니 사진을 보니 마음이 **찐했다**.

'찐하다'는 '안타깝게 뉘우쳐져 마음이 언짢고 아프다'라는 의미입니다. 다른 사람에게 술이나 음식을 산다는 의미의 문장에서 쓰일 수 있는 말이 아닙니다.

'크게 한턱내다'라는 의미의 말로는 '거나하게(건하게) 사다' 또는 '거나하게(건하게) 한턱내다'를 쓰는 게 올바른 표현입니다.

헷갈리는 표현

금새/금세

영희가 철수와 결혼한다는 소문이 화사 내에 금새(×)/금세(○) 퍼졌다.

금새 '금세'의 틀린 표기.

금세 지금 바로. '금시(**今時**)에'가 줄어든 말.
　　　(예) 감기약을 먹은 효과가 **금세** 나타났다.

일상 대화에서 많이 쓰이는 표현인 '금세'는 '금새'와 발음으로는 구별이 되지 않기 때문에 혼동해서 표기하는 경우가 많습니다.

'지금 바로'의 뜻으로 쓰이는 부사 '금세'는 '금시에'가 줄어든 말입니다. 본말인 '금시에'의 형태를 염두에 두시면, '금세'의 형태를 기억하시는 데에 도움이 될 것입니다.

흔히 쓰는 '그새/밤새/어느새'에서의 '새'는 '사이'가 줄어든 형태입니다. '그사이/밤사이/어느 사이'를 줄여 '그새/밤새/어느새'라고 합니다. 따라서 '밤새'의 '새(사이)'는 '금세'의 '세(시에)'와는 다른 것입니다.

-기에/-길래

뭐가 <u>문제기에(○)</u>/<u>문제길래(○)</u> 안 되는 거야?

'-기에'와 '-길래'는 둘 다 표준어입니다. 원인이나 근거를 나타내는 연결어미로 쓰입니다. 과거에는 '-기에'만 표준어였지만 '-길래'도 복수 표준어가 되었습니다. 다만, '-길래'는 주로 구어적인 표현에 많이 쓰입니다.

(예 1) 배가 몹시 **고프길래** 라면을 두 개나 끓여 먹었다.

(예 2) 대체 무슨 일이 **있었기에** 그가 회사를 그만뒀을까?

(예 3) 무슨 말을 **했길래** 그녀가 그토록 화를 냈을까?

깨끗이/깨끗히

집을 매일 <u>깨끗이(○)/깨끗히(×)</u> 청소합니다.

부사의 끝음절이 분명히 '이'로만 나는 것은 '-이'로 적고, '히'로만 나거나 '이'나 '히'로 나는 것은 '-히'로 적습니다.

그런데 실제 발음을 해 보면 '이'로 나는 것인지 '히'로 나는 것인지 구별하기 어려운 경우가 꽤 있습니다. 한국 사람들도 헷갈리는데 한국어를 공부하는 외국인들은 오죽하겠습니까? 좀 더 확실한 구별을 위해서 몇 가지 원칙을 알아보겠습니다.

1. 우선, '-하다'가 붙는 어근의 뒤에는 '-히'로 적습니다.
   (예) 꾸준하다 → 꾸준히, 엄격하다 → 엄격히, 정확하다 → 엄격히

2. 예외가 있습니다. '-하다'가 붙는 어근의 끝소리가 'ㄱ' 또는 'ㅅ'인 경우에는 '-히'가 아닌, '-이'로 적습니다.
   (예) 깊숙하다 → 깊숙이, 끔찍하다 → 끔찍이, 깨끗하다 → 깨끗이, 느긋하다 → 느긋이

3. 'ㅂ' 불규칙 용언의 어간 뒤에는 '-이'로 적습니다.
   (예) 가깝다 → 가까이, 너그럽다 → 너그러이, 쉽다 → 쉬이, 외롭다 → 외로이

그 외

4. 첩어 또는 준첩어 명사의 뒤에는 '-이'로 적습니다.

　(예) 겹겹이, 길길이, 나날이, 번번이, 일일이, 짬짬이, 틈틈이

5. 부사 뒤에는 '-이'로 적습니다.

　(예) 곰곰이, 더욱이, 오뚝이, 일찍이, 생긋이

헷갈리는 표현

되레/되려

칭찬은커녕 되레(○)/되려(×) 야단만 맞았다.

되레 '도리어'의 준말.

되려 '도리어'의 방언.

도리어 예상이나 기대 또는 일반적인 생각과는 반대되거나 다르게.
(예) 도움을 주기보다는 **도리어** 해만 끼쳤다.

'도리어'의 준말은 '되레'입니다. '되려'도 쓰이지만, 이는 '도리어'의 방언(강원/경상/전남/충남)입니다. 형태가 유사해 혼동하기 쉽지만 '되레'가 바른 표기입니다.
(예 1) 잘못한 사람이 **되레** 큰소리를 친다.
(예 2) 도와주려고 한 일이 **되레** 폐를 끼치게 됐다.

-로서/-로써

네가 말했던 그 일은 <u>공인으로써(×)/공인으로서(○)</u> 할 일이
아니다.

격조사 '-로서'와 '-로써'는 발음이 비슷합니다. 그렇지만 그
쓰임은 다릅니다. 특히, 앞에 오는 단어가 똑같아도 문맥의 의
미에 따라 달리 쓰이기 때문에 주의해야 합니다.

'-로서'는 지위, 신분, 자격, 기준을 나타낼 때 쓰입니다.
  (예 1) 대한민국 국민**으로서** 국방의 의무가 있다.
  (예 2) 한 가정의 부모**로서** 육아의 책임이 있다.

'-로써'는 원료/재료, 도구/수단, 횟수를 나타낼 때 또는 어떤
일에 대한 기준이 되는 시간을 이야기할 때 쓰입니다.
  (예 1) 오늘**로써** 시험이 끝났다. (기준)
  (예 2) 말**로써** 천 냥 빚도 갚는다. (도구/수단)
  (예 3) 올해**로써** 10년째다. (횟수)

문맥에 따라 쓰임에 주의해야 하는 경우의 예를 들어 보겠습니다.
  (예 1) 의사소통의 도구**로서** 한국어를 널리 알리는 데 앞장설 계획이다.
  (자격)
  (예 2) 한국어를 의사소통의 도구**로써** 적극 활용하겠다. (도구/수단)

만날/맨날

그는 <u>만날(○)/맨날(○)</u> 피곤하다는 말을 입에 달고 산다.

만날　<부사> 萬날. 매일같이 계속하여서.
　　　　(예) 그는 만날 그 모양 그 꼴이다.

맨날　<부사> 매일같이 계속하여서.
　　　　(예) 그는 맨날 그녀를 생각한다.

'만날(萬-)'은 명사 '만(萬)'과 명사 '날'이 결합하여 만들어진 합성어입니다. 예전에는 '만날'만이 표준어로 인정되었습니다. 그러나 '만날'을 대신해서 '맨날'을 쓰는 사람이 점점 많아지면서 2011년에 '맨날'이 표준어로 인정되었습니다. 그래서 '만날'과 '맨날' 둘 다 표준어로 인정하고 있습니다.

그 외

만/만큼

공격<u>만</u>(○)/<u>만큼</u>(×)은 프로 야구 최고 수준이다.

한국어에서 '만큼'은 앞말과 비슷한 정도나 한도임을 나타내는 말로 쓰이며, 비교의 의미가 강합니다.

　(예 1) 뿌린 **만큼** 거둔다. (의존명사로 쓰인 경우)
　(예 2) 나도 당신**만큼은** 할 수 있다. (조사로 쓰인 경우)

그런데 제시문 '공격만큼은 프로 야구 최고 수준이다'는 무엇과 무엇을 비교하는 의미가 아닙니다. 다른 것으로부터 제한해서 어느 것을 한정하거나 또는 무엇을 강조하는 의미입니다. 따라서 '만큼'이 아니라 '만'을 써야 올바른 문장이 됩니다.

　(예 1) 이번**만큼은** 봐줄 수가 없다.(×) → 이번**만은** 봐줄 수가 없다.(○)
　(예 2) 공격은 별로지만 수비**만큼은** 안정돼 있다.(×) → 공격은 별로지만 수비**만은** 안정돼 있다.(○)

반드시/반듯이

찬우는 허리가 아파서 반드시(✕)/반듯이(○) 몸을 누이고
천장을 향해 누워 있었다.

반드시   틀림없이 꼭.
          (예) **반드시** 시간에 맞춰 와야 한다.

반듯이   작은 물체, 또는 생각이나 행동 따위가 비뚤어지거나 기울거나
          굽지 아니하고 바르게.
          (예) 그는 방바닥에 **반듯이** 누웠다.

'반드시'와 '반듯이'는 서로 구별해서 써야 하는 말입니다. '반드시'는 '꼭, 틀림없이'라는 뜻이고 '반듯이'는 '반듯하게'라는 뜻입니다.

그 외

'-하다'가 붙는 어근에 '-히'나 '-이'가 붙어서 부사가 되거나, 부사에 '-이'가 붙어서 뜻을 더한 경우에는 그 어근이나 부사의 원형을 밝혀 적습니다.

'반듯이'는 '반듯하다'의 원래 의미가 살아 있으므로 '반듯'에 접미사 '-이'가 결합한 것으로 보아 원형태를 살려 적은 것입니다.

그러나 '반드시'의 '반듯'은 '반듯하다'의 '반듯'과 관련성이 없습니다. 그래서 '반드시'와 같이 소리 나는 대로 적습니다.

'틀림없이/꼭'의 의미일 때는 '반드시'로 적고, '반듯하다'의 의미가 살아 있으면 '반듯이'로 적어야 합니다.

붉으락푸르락/울그락불그락

화난 얼굴이 붉으락푸르락(○)/울그락불그락(×) 하다.

한국어에는 '–그락'이라는 어미가 없습니다. 그런데 '뜻이 상반되는 두 동작이나 상태가 번갈아 되풀이됨을 나타내는 연결어미로 '–(으)락'이 있습니다.

따라서 '욹으락붉으락'은 가능할 수도 있겠지만, '욹다'라는 말이 없습니다. 그래서 '울그락불그락'과 '욹으락붉으락'은 만들어질 수 없는 말입니다.

화가 나서 얼굴이 붉어졌다가 파래졌다가 한다는 의미의 바른 표기는 '붉으락푸르락'입니다.

아둥바둥/아등바등

아이가 장난감을 쥐려고 <u>아둥바둥(×)/아등바등(○)</u> 했다.

아둥바둥 '아등바등'의 틀린 표기.

아등바등 무엇을 이루려고 애를 쓰거나 우겨대는 모양.
(예) 그녀는 홀로 자식을 잘 기르기 위해 아등바등 살아왔다.

'아등바등'의 의미로 '아둥바둥'을 쓰는 경우가 있으나 '아등바등'이 바른 표기입니다.

얼만큼/얼마만큼/얼마큼

내가 너를 얼만큼(✕)/얼마만큼(○)/얼마큼(○) 사랑하는지 알아?

의문문에 쓰여, 수량이나 정도를 물어보는 데 쓰는 부사로 '얼마만큼'이 있습니다.

　(예) 그 일을 하는 데 돈이 **얼마만큼** 들까요?

'얼마큼'은 '얼마만큼'이 줄어든 말입니다. 일상 대화에서 흔히 '얼만큼'으로 잘못 쓰는 경우가 많이 있습니다. 하지만 '얼만큼'이란 말은 없습니다. '얼마만큼' 또는 '얼마큼'으로 써야 합니다.

　(예 1) 너는 평소 건강에 대해 **얼마큼** 신경을 쓰니?

　(예 2) 그 모임에 대해 **얼마큼** 알고 있니?

여지껏 / 여태껏

여지껏(×)/여태껏(○) 뭐 하다가 이제야 밥을 먹니?

일상 대화에서 많이 쓰고 있는 말 '여지껏'은 표준어가 아닙니다. '-껏'은 명사나 부사 뒤에 붙어서 '그것이 닿는 데까지'의 의미를 더하고 부사를 만드는 접미사입니다.

그런데 '여지'의 의미는 '어떤 일을 하거나 어떤 일이 일어날 가능성이나 희망'입니다. 따라서 우리가 '지금까지'의 의미로 사용하고 있는 '여지껏'은 전혀 상관이 없는 말입니다.

'지금까지'의 의미로 사용한다면, '여지껏'이 아닌 '여태껏/이제껏/입때껏'으로 써야 합니다. 셋 모두 표준어입니다.

엄한/애먼

엄중한 시기에 괜히 엄한(✕)/애먼(○) 짓을 하지 마라.

엄한 '애먼'의 방언(경북 지역).

애먼 <관형사> 일의 결과가 다른 데로 돌아가 억울하게 또는 엉뚱하게
느껴지는.
(예 1) 애먼 사람에게 누명을 씌웠다.
(예 2) 애먼 짓 하지 않는 게 좋다.

일상 대화에서 '애먼'을 '엄한'으로 잘못 쓰는 경우가 많이 있
습니다. '애먼'은 일이나 결과가 다른 데로 돌아가 억울하게 느
껴지거나 엉뚱하게 느껴짐을 뜻하는 관형사로, '애먼 사람'은
엉뚱한 사람을 뜻합니다.

이와 달리 '엄한'은 형용사 '엄하다'의 활용형으로, '엄한 사람'
은 '학생들에게 엄한 선생님'처럼 성격이나 행동이 철저하고
까다로운 사람을 뜻합니다.

따라서, '엄한 사람 잡지 마!'가 아니라 '애먼 사람 잡지 마!'라
고 써야 합니다.

그 외

옛부터/예로부터

이 마을엔 옛부터(×)/예로부터(○) 학자가 많이 나온다.

옛   <관형사> 지나간 때의.

   (예) 옛 자취 / 옛 추억 / 옛 친구 / 옛 직장 / 옛 모습

   * 뒤에 오는 명사와 띄어 씀

예   <명사> 아주 먼 과거.

   (예 1) 그녀의 까칠한 성격은 **예**나 지금이나 똑같다.

   (예 2) **예**로부터 내려온 이야기

조사 '-부터'가 결합할 수 있는 말은 명사나 부사어입니다. 그런데 '옛'은 '아주 먼 과거'를 뜻하는 관형사입니다. 그래서 뒤에 '-부터'가 붙을 수가 없습니다. 따라서 '옛부터'가 아닌 '예부터'가 올바른 표현입니다.

한편 '옛'은 뒤에 오는 명사를 수식하기도 하지만, 뒤에 오는 명사와 결합해서 합성어가 될 수도 있습니다. 이 경우에는 한 단어가 되었으므로 붙여서 씁니다.

   (예) 옛것, 옛글, 옛꿈, 옛날이야기, 옛말, 옛사람, 옛사랑, 옛적, 옛집, 옛터 등

오랜동안/오랫동안

그는 오랜동안(×)/오랫동안(○) 귀농을 준비해 왔다.

오랜동안 '오랫동안'의 틀린 표기.

오랫동안 시간상으로 썩 긴 동안.
(예) 나는 오랫동안 고심한 끝에 회사를 그만두기로 했다.

실질 형태소 '오래'와 '동안'이 결합하면서 사이시옷이 들어간 합성어이기 때문에 '오랫동안'이 올바른 표기입니다. '오랜만에'와 헷갈려서 '오랜동안'으로 쓰는 경우가 있습니다. 하지만, 이는 잘못된 표기입니다.

왠지/웬지

<u>왠지(○)</u>/웬지(×) 슬퍼 보이네요.

'웬지'와 '왠지'는 발음이 비슷해서 일상 대화 중에 혼돈해서 사용하기 쉽습니다. 그런데 '웬지'라는 말은 없습니다.

'웬'은 '어찌 된 또는 어떠한'의 뜻을 나타내는 관형사입니다. 다음과 같이 쓰입니다.

(예 1) **웬** 영문인지 모르겠다.

(예 2) **웬** 눈이 이렇게 내리는지.

'왠지'는 의문사 '왜'에 어미 '(이)ㄴ지'가 붙은 형태인 '왜인지'가 줄어든 말입니다. '왜 그런지 모르게 또는 뚜렷한 이유도 없이'라는 의미를 나타내는 부사입니다.

(예 1) **왜인지** 그녀를 보면 심장이 빨리 뛴다. → **왠지** 그녀를 보면 심장이 빨리 뛴다.

(예 2) 오늘따라 팀장님이 **왜인지** 멋있어 보인다. → 오늘따라 팀장님이 **왠지** 멋있어 보인다.

'왠'은 단독으로는 사용할 수 없습니다. '왠지'를 제외하고는 대개 '웬'을 사용합니다. 'Why(왜)'와 관련이 있는 경우에만 '왠지'를 쓰면 됩니다.

(예 1) 이게 **웬** 떡이야! (○) – 이게 **왠** 떡이야! (×)

(예 2) **웬만하면** 참아라. (○) – **왠만하면** 참아라. (×)

으스스/으시시

비에 젖어 몸이 으시시(×)/으스스(○) 떨린다.

으스스 차거나 싫은 것이 몸에 닿았을 때 크게 소름이 돋는 모양.
　　(예) 나는 그때 그 일을 생각하면 온몸이 **으스스** 떨린다.

으스스하다 차거나 싫은 것이 몸에 닿았을 때 크게 소름이 돋는 느낌이
　　있다.
　　(예) 오래된 무덤 앞을 지나가기가 어째 **으스스하다**.

으시시 '으스스'의 비표준어.

몸과 마음이 춥거나 떨릴 때 '으시시하다'라는 표현을 자주 씁
니다. 그런데 '으시시하다'는 틀린 표현입니다. '으스스하다'로
써야 합니다.

비슷한 의미의 말로 '으슬으슬하다'가 있습니다.
　(예) 몸이 **으슬으슬한** 게 감기가 올 모양이다.

일절 / 일체

그는 재산 일절(×)/일체(○)를 학교에 기부하였다.

'일절(一切)'과 '일체(一切)'는 한자로 표기하면 같습니다. 한자로 '切'은 '절'로 발음되기도 하고, '체'로 발음되기도 합니다.

'일절'은 '아주 / 전혀 / 절대로'의 뜻으로 부사로만 쓰입니다.
  (예 1) 수업 시간에는 교실 출입을 **일절** 금했다. (절대로)
  (예 2) 그는 집을 나간 후 연락을 **일절** 끊었다. (전혀)
  (예 3) 이 건물 내에서는 **일절** 흡연이 금지되어 있다. (절대로)

이에 비해 '일체'는 명사로 쓰이기도 하고, 부사로 쓰이기도 합니다. 명사로 쓰일 때는 '모든 것 / 전부'라는 의미이며, 부사로 쓰일 때는 '모든 것을 다'라는 의미입니다.
  (예 4) 차 사고에 대한 **일체**의 책임을 지다. (모든 것)
  (예 5) 이 가게에는 자동차 부품 **일체**를 갖추고 있다. (모든 것)
  (예 6) 근심 걱정은 **일체** 잊도록 하자. (모든 것을 다)

이따가/있다가

10분만 <u>이따가(✕)/있다가(○)</u> 출발할게.

이따가 <부사> 조금 지난 뒤에.

(예) **이따가** 먹을게.

있다가 <동사> '있다'에 연결 어미 '-다가'가 붙은 활용형. '머물다가'의 뜻.

(예) 도서관에 **있다가** 2시까지 와.

'이따가'와 '있다가'는 발음이 같아서 표기할 때 많이 헷갈리는 말입니다. 하지만 둘의 뜻과 쓰임은 다릅니다.

'이따가'는 부사입니다. 다음과 같이 쓰입니다.

(예 1) **이따가** 단둘이 있을 때 얘기하자.

(예 2) **이따가** 비가 온대.

이에 비해, '있다가' 동사 '있다'의 활용형으로 다음과 같이 쓰입니다.

(예 1) 집에 **있다가** 심심해서 밖으로 나왔다.

(예 2) 밥 먹고 누워만 **있다가** 체한다.

그렇다면, '조금 이따가 갈게'가 맞을까요? '조금 있다가 갈게'가 맞을까요?

사실 둘 다 문법적으로 틀린 문장은 아닙니다. 다만, '조금 이따가'로 쓸 경우, 부사 '조금'과 부사 '이따가'의 의미가 겹치는 부분이 있으므로, '조금 있다가'로 쓰는 게 더 맞는 표현입니다.

그 외

지그시/지긋이

눈을 지그시(○)/지긋이(×) 감고 내 차례를 기다렸다.

지그시 1   슬며시 힘을 주는 모양.

        (예) **지그시** 그의 발을 밟았다.

지그시 2   조용히 참고 견디는 모양.

        (예) 아픔을 **지그시** 참았다.

지긋이 1   나이가 비교적 많아 듬직하게.

        (예) 그 남자는 나이가 **지긋이** 들어 보인다.

지긋이 2   참을성 있게 끈지게.

        (예) 팀장님의 말씀이 끝날 때까지 나길 **지긋이** 서 있었다.

'지긋이'와 '지그시'는 발음이 비슷해서 혼동하여 쓰이지만, 두 단어의 의미가 다르므로 쓸 때 구별해서 사용해야 합니다.

대체로 '지긋이'는 '듬직하고 끈기가 있다'는 어감을 지니고 있고, '지그시'는 '소리 없이 조용하게'라는 어감을 지니고 있습니다.

그럼 '지그시 바라보다' 일까요? 아니면 '지긋이 바라보다' 일까요? '소리 없이 조용하게'의 어감을 지닌 '지그시'를 써야겠지요?

통째로/통채로

정기 모임을 위해서 카페를 통채로(×)/통째로(○) 빌렸다.

통째   <명사> 나누지 아니한 덩어리 전부.

통째로   <부사> 나누지 않은 덩러리의 전체 그대로.
      (예) 그는 새우를 **통째로** 씹어 먹었다.

일상 대화에서 많이 쓰는 표현인 '통채로'는 틀린 표현입니다. '통째로'가 맞습니다. '나누지 않은 덩어리 전체'를 의미하는 명사 '통째'에서 온 '통째로'가 올바른 표기입니다.

접미사 '-째'는 '그대로, 전부'의 뜻을 지니고 있습니다.
   (예) 뿌리**째**, 껍질**째**, 송두리**째**

이와 달리 '채'는 '이미 있는 상태 그대로'를 뜻하는 의존명사로 꾸며 주는 말의 뒤에 옵니다. 그리고 의존명사이기 때문에 앞말과 띄어 써야 합니다.
   (예 1) 고개를 숙인 **채**
   (예 2) 잔뜩 겁을 먹은 **채**

그 외

하노라고/하느라고

나름 하노라고(○)/하느라고(×) 했는데 결과는 모르겠다.

'하느라고'는 '하다'의 어간 '하'에 어미 '느라고'가 결합된 형태입니다. '하느라고'는 앞말이 뒷말의 목적이나 원인이 됨을 나타냅니다.

  (예 1) 어제 시험공부를 **하느라고** 밤을 새웠어.

  (예 2) 공사를 **하느라고** 극장은 당분간 휴관 중이다.

이에 비해, '하노라고'는 동사 '하다'의 어간 '하'와 어미 '노라고'가 결합된 형태입니다. '하노라고'는 자기 나름대로 꽤 노력했음을 표현합니다.

  (예 1) 나도 **하노라고** 한 것인데 도움이 안 됐네.

  (예 2) **하노라고** 했는데 마음에 드실지 모르겠습니다.

'하느라고'와 '하노라고'는 쓰임이 다르므로, 문맥에 맞게 구별해서 써야 합니다.

2장

언어를 풍부하게 해 주는 순우리말

순우리말은 우리말 중에서 한자어나 외래어가 아닌 고유어만을 이르는 말입니다. 실제로 많이 쓰이기도 하고 알아 두면 좋은 순우리말을 예문으로 알아보시죠.

철수는 턱을 <u>괴고</u> 앉아서 창밖으로 내리는 비를 바라봅니다. 아침부터 계속 내린 비로 인해 마당 곳곳에 빗물이 <u>괴어</u> 있습니다.

정오가 지났지만, 아직 아무것도 먹지 않은 철수는 몹시 배가 고팠습니다. 문득 어젯밤 할머니 제사상에 <u>괴어</u> 놓았던 바나나가 떠올라서 입안에 군침이 <u>괴었습니다</u>.

괴다 <동사>

⑴ 기울어지거나 쓰러지지 않도록 아래를 받쳐 안정시키다.

⑵ 물 따위의 액체나 가스, 냄새 따위가 우묵한 곳에 모이다.

⑶ 제사나 잔칫상에 쓰는 음식을 차곡차곡 쌓아 올리다.

⑷ 입에 침이 모이거나 눈에 눈물이 어리거나 하다.

나는 어릴 적에 바닷가 시골 동네에 살았습니다. 우리 집은 이웃집들과 한 가족처럼 너나들이하면서 잘 지냈습니다. 동네에 좋은 일이 생기면 마을 회관에서 잔치가 벌어지곤 했는데, 동네 사람들이 갖가지 음식 도르리를 했습니다.

특히, 동네 이장을 맡고 있는 김 씨네 아주머니가 큰 가마솥에다 끓여서 내어 오시는 도다리쑥국에는 제법 큼직한 도다리 서너 마리가 온새미로 들어가 있었습니다. 저는 그 달보드레한 국물 맛을 수십 년이 지난 지금까지도 잊을 수가 없습니다. 안다미로 떠 주시는 도다리쑥국에 토렴한 밥을 동네 사람들이 함께 맛있게 먹었습니다.

가끔 술이 과하신 어른들이 불콰해진 얼굴로 서로 언성을 높이다가 대두리가 벌어지기도 했습니다. 그렇지만 또 금방 웃으면서 술잔을 함께 기울였습니다. 저는 이웃집과 서로 데면데면하게 지내는 도시 생활보다 그때 그 시골 생활이 그리울 때가 많습니다.

너나들이 <명사>

서로 너니 나니 하고 부르며 허물없이 말을 건넴. 또는 그런 사이.

도르리 <명사>

여러 사람이 음식을 차례로 돌려 가며 내어 함께 먹음. 또는 그런 일.

온새미로 <부사>

가르거나 쪼개지 않고 생긴 그대로.

달보드레하다 <형용사>

약간 달큼하다.

안다미로 <부사>

담은 것이 그릇에 넘치도록 많이.

토렴 <명사>

밥이나 국수에 뜨거운 국물을 부었다 따랐다 하며 데움.

불콰하다 <형용사>

얼굴빛이 술기운을 띠거나 혈기가 좋아 불그레하다.

대두리 <명사>

⑴ 큰 다툼이나 야단.

⑵ 일이 심각해진 국면.

데면데면하다 <형용사>

⑴ 사람을 대하는 태도가 친밀감이 없이 예사롭다.

⑵ 성질이 꼼꼼하지 않아 행동이 신중하거나 조심스럽지 아니하다.

　　(예) 그는 **데면데면**해서 회사에서 자주 실수를 저지른다.

올해 설 연휴에는 유달리 눈이 많이 내립니다. 설밭이 많이 쌓이는 것을 보니 올해도 풍년이 들려나 봅니다.

물가가 너무 올랐습니다. 지난해와 같은 액수의 돈으로는 설 차례상에 올라갈 음식을 장만하기에도 바듯합니다. 연휴 동안 아이들을 위해 주전부리도 준비해야 하는데 걱정입니다.

이번 설에는 설빔으로 오랜만에 한복을 입기로 했습니다. 그런데 오랫동안 입지 않아서인지 곰삭은 부분이 있었습니다. 행여나 남사스러운 일이 생길 것 같아서 결국 한복 입는 것을 포기했습니다.

다음 주 설날에 가족과 친지들을 맞이하려면 집안 곳곳 청소를 해야 하는데 심한 고뿔이 걸려서 몸을 움직이기가 힘이 듭니다.

언어를 풍부하게 해 주는 순우리말

설밥 <명사>

설날에 오는 눈을 비유적으로 이르는 말.

바듯하다 <형용사>

⑴ 어떤 한도에 차거나 꼭 맞아서 빈틈이 없다.

⑵ 어떤 정도에 겨우 미칠 만하다.

* '빠듯하다'도 같은 뜻입니다. '바듯하다'보다 센 느낌을
의미합니다.

주전부리 <명사>

때를 가리지 않고 군음식을 자꾸 먹음. 또는 그런 입버릇.

* 어감이 약한 말은 '조잔부리'입니다.

곰삭다 <동사>

⑴ 옷 따위가 오래되어서 올이 삭고 질이 약해지다.

⑵ 젓갈 따위가 오래되어서 푹 삭다.

⑶ 두 사람의 사이가 스스럼없이 가까워지다.

⒳ 철수는 어느덧 영희와 매우 **곰삭은** 사이가 되었다.

남사스럽다 <형용사>

남에게 놀림과 비웃음을 받을 듯하다.

* '남우세스럽다'도 같은 뜻입니다.

고뿔 <명사>

'감기'를 일상적으로 이르는 말.

애지중지 키우던 둘째 아들을 군에 보낸 후에 <u>허우룩한</u> 마음을 감출 수가 없습니다. 세대가 다르다 보니 가끔 대화하는 중에 <u>으악</u>이 나기도 했지만, 나의 지속되는 잔소리에 전혀 <u>아랑곳하지</u> 않고 자기 하고 싶은 대로 다 하고 다녔던 그 모습이 <u>자못</u> 그리워집니다.

나를 닮아서 <u>허우대</u>는 멀쩡하지만, 평소 행동이 <u>굼떠서</u> 군에서 잘 적응할지 조금 걱정이 되기도 했습니다.

그런데 이번에 첫 휴가를 나와서 얘기를 나눠 보니 불과 몇 달 새 말과 행동이 <u>미쁘고</u> 듬직해진 게 느껴집니다. 자식의 성장에 나도 모르게 <u>느꺼운</u> 감정이 올라와서 눈물을 글썽였습니다.

언어를 풍부하게 해 주는 순우리말

허우룩하다 <형용사>

마음이 텅 빈 것같이 허전하고 서운하다.

으깍 <명사>

서로 의견이 달라서 생기는 불화.

아랑곳하다 <동사>

일에 나서서 참견하거나 관심을 두다.

자못 <부사>

생각보다 매우.

* '자뭇'은 '자못'의 틀린 표기입니다.

허우대 <명사>

겉으로 드러난 체격. 주로 크거나 보기 좋은 체격을 이른다.

굼뜨다 <형용사>

동작, 진행 과정 따위가 답답할 만큼 매우 느리다.

미쁘다 <형용사>

믿음성이 있다.

느껍다 <형용사>

어떤 느낌이 마음에 북받쳐서 벅차다.

사촌 형에겐 두 명의 끌밋한 고등학생 아들이 있습니다. 둘 다 학교 공부도 잘하고 운동도 잘합니다. 특히 첫째 아들인 준혁이의 뛰어난 운동 능력은 다른 학생들과 동뜹니다. 준혁이는 체육 선생님에게 축구 선수를 해 보면 어떻겠냐고 권유를 받기도 했습니다.

둘째 아들인 준택은 걸쩍대는 성격이라 친구들 사이에서 인기가 많습니다. 준택은 평소에도 연예인 기질을 발휘합니다. 친구들이나 사람들이 모인 자리에서 너스레를 곤잘 떱니다.

형수가 일찍 돌아가시는 바람에 형은 혼자 두 아들을 키워 냈습니다. 자식을 무조건 두남두기만 하면 버릇이 나빠질까 봐 엄하게 키웠다고 합니다.

형은 남부끄럽지 않게 잘 성장한 두 아들을 볼 때마다 흐뭇하다고 오달진다고 합니다.

언어를 풍부하게 해 주는 순우리말

끌밋하다 <형용사>

⑴ 모양이나 차림새 따위가 매우 깨끗하고 훤칠하다.

⑵ 손끝이 여물다.

동뜨다 <형용사>

⑴ 다른 것들보다 훨씬 뛰어나다.

⑵ 평상시와는 다르다.

〈예〉 한밤중의 거리는 대낮과는 너무나 **동뜬** 분위기이다.

⑶ 기간(동안) 길다(뜨다).

〈예〉 나는 기차 시간과 약속 시간이 **동뜰까** 봐 노심초사했다.

걸쩍대다 <동사>

활달하고 시원스럽게 행동하다.

너스레 <명사>

수다스럽게 떠벌려 늘어놓는 말이나 짓.

두남두다 <동사>

⑴ 잘못을 두둔하다.

⑵ 애착을 가지고 돌보다.

〈예〉 비록 사업에 실패한 남편이지만 어찌 **두남두지** 않을 수 있겠는가?

남부끄럽다 <형용사>

창피하여 남을 대하기가 부끄럽다.

오달지다 <형용사>

⑴ 마음에 흡족하게 흐뭇하다.

⑵ 허술한 데가 없이 알차다.

회사에서 가직한 거리에 집이 있어서 평소 김 팀장은 일찍 출근합니다. 업무 역량이 뛰어난 편은 아니지만 팀원들을 잘 그느르는 편입니다. 김 팀장의 성실하고 팀원을 배려하는 모습은 본부장이 그를 도두보는 이유 중의 하나입니다.

그런데 지난해부터 공을 들여 추진했던 프로젝트가 데데한 성과밖에 거두지 못해서인지 요즘 들어 김 팀장의 얼굴이 아픈 사람처럼 파리합니다. 본부장의 등쌀에 배겨나질 못하는 것 같아 보기가 안쓰럽습니다.

본부장은 평소에 결곡한 말투와 태도를 유지하지만, 어쩌다 부하 직원을 닦아세울 때는 그 누구보다도 무섭습니다.

가직하다 <형용사>

거리가 조금 가깝다.

그느르다 <동사>

⑴ 돌보고 보살펴 주다.

⑵ 흠이나 잘못을 덮어 주다.

도두보다 <동사>

실상보다 좋게 보다.

데데하다 <형용사>

변변하지 못하여 보잘것없다.

파리하다 <형용사>

몸이 마르고 낯빛이나 살색이 핏기가 전혀 없다.

등쌀 <명사>

몹시 귀찮게 구는 짓.

* 유의어: 성화(成火).

배기다 <동사>

⑴ 참기 어려운 일을 잘 참고 견디다.

⒳ 하루라도 너를 보지 않고는 **배길** 수가 없다.

⑵ (몸의 부분이) 딱딱한 것에 받치어 걸리다.

⒳ 엉덩이가 **배겨서** 앉아 있지를 못하겠다.

결곡하다 <형용사>

얼굴 생김새나 마음씨가 깨끗하고 여무져서 빈틈이 없다.

닦아세우다 <동사>

꼼짝 못 하게 휘몰아 나무라다.

양 팀장은 회의 시간에 격한 논쟁을 벌이는 두 팀원을 <u>갈마보</u><u>더니</u> 웃음을 터뜨렸습니다. 평소 성격이 <u>듬쑥한</u> 박 차장이나 <u>무던한</u> 김 과장 둘 다 이렇게 흥분한 모습을 보는 것도 흔한 일은 아닙니다.

팀 회의 시간의 논쟁은 승부를 <u>가루기</u> 위한 것이 아니고 건강한 토론을 통해 팀의 업무 성과를 높이기 위한 것입니다. 그래서 양 팀장은 서로 다른 의견을 말할 수 있는 것은 그만큼 논의가 좋은 방향으로 진행되고 있다는 의미라면서 두 사람 모두에게 마음을 <u>풀치라고</u> 충고했습니다. 빨리 털어 내지 않으면 자칫 마음이 <u>뭉쳐서</u> 서로에게 좋지 못한 감정이 오래 갈 수도 있기 때문입니다.

다만, 한 방향으로 의견이 모인 후에는 팀원 모두가 그 결정을 따라야 합니다. 그게 팀워크입니다. 양 팀장은 팀 분위기가 어색하지 않도록 팀워크를 강조하면서 회의를 <u>갈무리했습</u><u>니다</u>.

갈마보다 <동사>
  양쪽을 번갈아 보다.

듬쑥하다 <형용사>
  (1) 사람됨이 가볍지 아니하고 속이 깊다.
    * 유의어: 듬직하다.
  (2) 옷, 그릇 따위가 조금 큰 듯하면서 꼭 맞다.
    (예) 형이 입던 옷이 나에게 듬쑥하게 맞았다.

언어를 풍부하게 해 주는 순우리말

무던하다 <형용사>

(1) (사람/성품) 성질이 너그럽고 수더분하다.

(2) (수준/정도) 꽤 상당하다. 또는 보통 정도이다.

　(예 1) 어린 녀석이 말도 안 듣고 <u>무던하게</u> 애를 먹인다.

　(예 2) 아내는 음식 솜씨가 그런대로 <u>무던하다</u>.

가루다 <동사>

(1) 맞서서 견주다.

(2) 자리 따위를 함께 나란히 하다.

　(예) 앙숙인 두 사람이 공동 작업에 착수하기 위해 오늘부터 한자리에 가룬다.

풀치다 <동사>

맺혔던 생각을 돌려 너그럽게 용서하다.

몽치다 <동사>

(1) 괴로움, 슬픔, 울화 따위가 마음속에 맺히다.

(2) 한데 합쳐서 한 덩어리가 되다.

　(예) 근육이 <u>몽치다</u>.

(3) 여럿이 굳게 단결하다.

　(예) 기획조정실의 4개 부서가 똘똘 <u>몽쳐서</u> 경영 위기 극복에 앞장섰다.

갈무리하다 <동사>

(1) 일을 처리하여 마무리하다.

(2) 물건 따위를 잘 정리하거나 간수하다.

　(예) 내년 농사에 쓰일 씨앗을 잘 <u>갈무리해</u> 두어야 한다.

강원도 속초로 가족여행을 왔습니다. 여행 갈 때마다 <u>가탈</u>을 부리며 <u>군소리가</u> 많은 큰딸이 어떤 일인지 아무 말이 없이 함께 따라와 주어서 마음이 <u>기껍네요</u>. 특히 이번에는 여행 날짜를 여유 없이 너무 <u>바투</u> 잡아서 <u>마뜩잖을</u> 거라 살짝 걱정했었는데 말이죠.

아직 6시도 채 되지 않은 이른 아침이었지만 동쪽 하늘에 부옇게 <u>동살이</u> 잡혀 오고 있습니다. 숙소 주변에 난 산책로를 따라 심어 놓은 소나무 가지가 바다를 향해 <u>벋나</u> 있는 게 눈에 들어옵니다.

조금 후에 해가 뜨면 푸른 바다에 반짝이는 <u>윤슬이</u> 너무 아름다울 것 같습니다. 아침을 먹기 전에 아직은 날씨가 추워서 <u>호젓한</u> 바닷가를 산책할 생각입니다.

가탈(부리다) <명사>
  ⑴ 이리저리 트집을 잡아 까다롭게 구는 일.
  ⑵ 일이 순조롭게 나아가는 것을 방해하는 조건.
    (예) 시댁에서 **가탈**이 많아서 결혼이 쉽지가 않다.

군소리 <명사>
  ⑴ 하지 아니하여도 좋을 쓸데없는 말.
  ⑵ 잠이 들었을 때 꿈결에 하는 말.
  ⑶ 몹시 앓을 때 정신없이 하는 말.

기껍다 <형용사>

마음속으로 은근히 기쁘다.

바투 <부사>

(1) 시간이나 길이가 아주 짧게.

(2) 두 대상이나 물체의 사이가 썩 가깝게.

　(예) 어머니는 아들에게 **바투** 다가가 두 손을 꼭 잡았다.

마뜩하다 / 마뜩잖다 <형용사>

제법 마음에 들 만하다. / 마음에 들 만하지 아니하다.

* 유의어: 마땅찮다, 못마땅하다

동살 <명사>

새벽에 동이 틀 때 비치는 햇살.

벋나다 <동사>

(1) 끝이 바깥쪽으로 나다.

(2) 못된 길로 나가다.

　(예) 김 선생님은 학생들이 **벋나지** 않도록 늘 신경을 많이 쓰신다.

윤슬 <명사>

햇빛이나 달빛에 비치어 반짝이는 잔물결.

호젓하다 <형용사>

(1) 후미져서 무서움을 느낄 만큼 고요하다.

(2) 매우 홀가분하여 쓸쓸하고 외롭다.

　(예) 그는 정년퇴직 후에 제주도에서 **호젓한** 삶을 살고 있다.

박 과장은 키가 크고 얼굴이 잘생겨서 회사 내에서 인기가 높습니다. 특히 어떤 일을 맡기더라도 <u>서슴지</u> 않고 책임감 있게 합니다. 다만, 일을 할 때 살짝 <u>손이 뜨는</u> 데다가 평소 <u>젠체하는</u> 태도가 있어서 주변의 평판이 좋지만은 않습니다. 그래서 주변 동료들의 칭찬 중에는 <u>허울 좋은</u> 칭찬이 가끔 있습니다.

박 과장의 잘난 체하는 태도가 마음에 들지 않았던 김 과장은 지난해 회식 자리에서 서로 <u>드잡이하는</u> <u>볼썽</u> 없는 모습을 보이기도 했습니다. 그 일 이후부터 두 사람은 서로 <u>등지고</u> 지내고 있습니다. 지나가다 만나도 서로 <u>본숭만숭합니다.</u>

각각의 지인들에게 들어 보니 서로 화해하고 싶은 마음이 없는 건 아닌 거 같은데 <u>해묵은</u> 감정을 다스리기가 쉽지 않은 모양입니다. 심지어 서로 화해하고 싶은 마음이 있다는 것을 알고 있으면서도 <u>몽따고</u> 지내고 있습니다.

서슴다 <동사>
　결단을 내리지 못하고 머뭇거리며 망설이다.

손이 뜨다 <관용구>
　일하는 동작이 매우 굼뜨다.

젠체하다 <동사>
　잘난 체하다.
　* 유의어: 거드럭거리다, 거들먹거리다.

언어를 풍부하게 해 주는 순우리말

허울 <명사>

실속이 없는 겉모양.

* <관용구> 허울 좋다. (실속은 없으면서 겉으로는 번지르르하다)

드잡이하다 <동사>

서로 머리나 멱살을 움켜잡고 싸우다.

* 유의어: 치고받다, 몸싸움하다.

볼썽 <명사>

남에게 보이는 체면이나 태도.

* 유의어: 체면, 면목.

등지다 <동사>

⑴ 서로 사이가 나빠지다.

⑵ 등 뒤에 두다.

⑶ 관계를 끊고 멀리하거나 떠나다.

　⒠ 고향을 <u>등지고</u> 타향살이를 한 지가 올해로 30년이 넘었다.

본숭만숭하다 <동사>

건성으로 보는 체만 하고 주의 깊게 보지 아니하다.

해묵다 <동사>

⑴ 어떤 일이나 감정이 해결되지 못한 상태에서 여러 해를 넘기거나 많은 시간이 지나다.

⑵ 어떤 물건이 해를 넘겨 오랫동안 남아 있다.

　⒠ 창고에 쌓인 <u>해묵은</u> 감자를 내다 버렸다.

몽따다 <동사>

알고 있으면서 일부러 모르는 체하다.

철수의 태도로 보아 이번 일에는 틀림없이 무슨 <u>야로</u>가 있는 게 분명합니다. 뭔가 <u>켕기는</u> 게 있는지 자꾸 나를 비롯한 친한 친구들을 피합니다. 평소 살짝 <u>얼뜬</u> 구석이 있어서 누군가 철수를 <u>추긴</u> 것 같긴 하지만, 사실 관계 파악이 되질 않아서 일이 어떻게 돌아가는 것인지 정확한 <u>켯속</u>을 알 길이 없습니다.

사정이 이러하다 보니 철수와 관련된 좋지 않은 소문이 친구들 사이에 <u>왜자합니다</u>. 괜한 <u>불똥</u>이 튈까 봐 다들 몸을 사리고 있습니다.

친구들을 대표해서 영수가 철수를 만나 보기로 했습니다. 무슨 일이든 영수에게 맡기면 <u>쩍말없이</u> 해 놓습니다. 영수는 <u>비사치는</u> 화법으로는 철수에게 현재 상황을 분명하게 전달하는 게 어렵다고 생각했습니다. 평소 <u>눙치는</u> 화법이 뛰어난 영수이기에 친구들은 영수를 믿어 보기로 했습니다.

야로 <명사>
    남에게 드러내기 아니하고 우물쭈물하는 속셈이나 수작을 속되게 이르는 말.

켕기다 <동사>
    (1) 마음 속으로 겁이 나고 탈이 날까 불안해하다.
    (2) 단단하고 팽팽하게 되다.
      (예) 찬우는 <u>켕긴</u> 연줄을 힘껏 당기면서 얼레에 감았다.

얼뜨다 <형용사>

다부지지 못하여 어수룩하고 얼빠진 데가 있다.

추기다 <동사>

다른 사람을 꾀어서 무엇을 하도록 하다.

* 유의어 : 부추기다 (남을 이리저리 들쑤셔서 어떤 일을 하게 만들다)

켯속 <명사>

일이 되어 가는 속사정.

왜자하다 <형용사>

소문이 온 동네에 퍼져 요란하다.

* 유의어 : 떠들썩하다

불똥 <명사>

심지의 끝이 다 타서 엉기어 붙은 찌꺼기.

* <관용구 1> 불똥이 튀다 : 재앙이나 화가 미치다.

* <관용구 2> 불똥이 떨어지다 : 일이 몹시 절박하게 닥치다.

쩍말없다 <형용사>

썩 잘되어 더 말할 나위 없다.

비사치다 <동사>

직설적으로 말하지 않고, 에둘러 말하여 은근히 깨우치다.

눙치다 <동사>

⑴ 마음 따위를 풀어 누그러지게 하다.

⑵ 어떤 행동이나 말 따위를 문제 삼지 않고 넘기다.

(예) 태준은 지금까지 한 말을 그냥 없었던 것으로 눙치려고 했다.

225

김 대리는 아담한 작은 체구지만 잡을손이 아주 매서워서 일 처리가 보통이 아닙니다. 성격도 낫낫하고 항상 모든 일을 깔끔하게 매조지니 상사들의 신임이 두텁습니다.

김 대리는 다소 화가 나거나 고까운 일이 생기더라도 선웃음을 지으며 분노를 안추를 줄 압니다. 가끔 후배 직원들이 짓궂은 질문을 하더라도 늘 달갑게 대합니다.

이번 인사이동에서 김 대리는 과장 승진 대상자로 확정되었습니다. 과장의 직무를 맡아 하기에 충분한 깜냥이 된다고 생각합니다.

언어를 풍부하게 해 주는 순우리말

잡을손 <명사>

일을 다잡아 해내는 솜씨.

낫낫하다 <형용사>

⑴ (사람/태도) 성격이 꽤 상냥하다.

⑵ (사물/감촉) 꽤 보드랍고 무르다.

매조지 <명사> / 매조지다 <동사>

일의 끝을 단단히 단속하여 마무리하는 일. / 일의 끝을 단단히
단속하여 마무리하다.

고깝다 <형용사>

섭섭하고 야속하여 마음이 언짢다.

* 유의어: 아니꼽다.

선웃음 <명사>

우습지도 않은데 꾸며서 웃는 웃음.

안추르다 <동사>

⑴ 분노를 눌러서 가라 앉히다.

⑵ 고통을 꾹 참고 억누르다.

달갑다 <형용사>

거리낌이나 불만이 없어 마음이 흡족하다.

깜냥 <명사>

스스로 헤아림. 또는 헤아릴 수 있는 능력.

이웃집에 새로 이사 온 사람은 늘 뻣뻣한 어깨에 <u>되바라진</u> 가슴팍으로 사뭇 남을 압박하는 듯합니다. 아직 이십 대 중반인 것 같은데 가끔 동네 어르신들과 대화를 나눌 때 보면 여간 <u>되바라진</u> 게 아닙니다.

젊은 사람이라 그런지 옷차림도 단정한 차림보다는 <u>되바라진</u> 차림으로 다닐 때가 많습니다. 한번은 자전거를 타고 지나가던 동네 사람의 실수로 그 친구의 옷에 흙탕물이 튀는 일이 생겼습니다. 고의로 한 일이 아님에도 불구하고 소리를 질러대면서 <u>되바라지게</u> 따지고 드는 모습을 보니 아직 젊은 친구라 <u>되바라진</u> 면이 있다고 생각했습니다.

오늘 아침에 그 친구가 집에서 무언가를 들고나오다가 넘어져서 그릇이 깨지는 소리가 크게 들렸습니다. 집밖에 나가서 보니 <u>되바라진</u> 접시 여러 개가 깨진 채로 길에 널려 있었습니다.

언어를 풍부하게 해 주는 순우리말

되바라지다 <동사>

⑴ 튀어져 나오고 벌어져서 아늑한 맛이 없다.

⑵ (사람이나 그 언행이) 어린 나이에 걸맞지 않게 얄미울 정도로
지나치게 똑똑하다.

⑶ 차림이 얌전하지 않아 남의 눈에 잘 띄다.

⑷ 사람됨이 남을 너그럽게 감싸 주지 아니하고 적대적으로 대하다.

⑸ (사람이) 교양이나 예의가 없다.

⑹ 그릇이 운두가 낮고 위가 벌어져 쉽사리 바닥이 드러나 보이다.

* '바라지다'도 '되바라지다'와 비슷한 의미를 지님.

제임스는 좋은 모습과 좋지 못한 모습이 확연하게 보이는 친구입니다. 우선 제임스는 붙임성이 좋습니다. 친구들에게 <u>부니는</u> 모습은 그를 좋은 사람으로 대하게 만듭니다.

그런데 그에게는 다소 <u>좀스러운</u> 면이 있습니다. 친구들이 추렴해서 모임 비용을 마련하려고 할 때마다 늘 돈이 없다면서 빠집니다. 그래서 친구들 사이에서 자주 <u>입길</u>에 오르내립니다. 그렇다고 해서 친구들을 <u>등치거나</u> 하진 않습니다.

그리고 그는 매사에 <u>셈평</u>이 있어서 자신이 손해 볼 일을 절대로 하지 않습니다. <u>가멸찬</u> 집안에서 큰 어려움 없이 성장한 사람이 왜 그런지 모르겠습니다.

제임스는 또 식탐이 많습니다. 음식을 먹을 때 참으로 <u>게걸스럽게</u> 먹습니다. 그리고 자기 것을 빨리 먹고 난 후에 다른 사람의 음식을 <u>남상거릴</u> 때가 많습니다. 몇몇 친구들은 음식 먹을 때 제임스 얘기를 꺼내면 <u>신물</u>이 난다고 하면서 웃습니다.

부닐다 <동사>
가까이 따르며 붙임성 있게 굴다.

좀스럽다 <형용사>
⑴ 도량이 좁고 옹졸한 데가 있다.
⑵ 사물의 규모가 보잘것없이 작다.

언어를 풍부하게 해 주는 순우리말

추렴 <명사>

모임이나 놀이 또는 잔치 따위의 비용으로 여럿이 각각 얼마씩의 돈을
내어 거둠.

입길 <명사>

이러쿵저러쿵 남의 흉을 보는 입의 놀림.

* 유의어: 입방아.

등치다 <동사>

옳지 못한 방법으로 남의 재물을 빼앗다.

* 유의어: 핥아먹다.

셈평 <명사>

⑴ 이익을 따져 보는 생각.

⑵ 생활의 형편.

　〈예〉 딸과 아들이 한꺼번에 취업하는 덕분에 집안 **셈평**이 펴질 일만
　남았다.

가멸차다 <형용사>

⑴ 재산이나 자원 따위가 매우 많고 풍족하다.

⑵ 마음이나 감정이 넉넉하고 풍족하다.

게걸스럽다 <형용사>

⑴ 몹시 먹고 싶거나 하고 싶은 욕심에 사로잡힌 듯하다.

⑵ 음식이나 재물 따위를 먹거나 가지려고 무척 욕심을 부리는 데가
　있다.

남상거리다 <동사>

남의 것을 탐내어 가지려고 자꾸 좀스럽게 기회를 엿보다.

* 유의어: 넘실거리다.

신물 <명사>

⑴ 음식에 체했을 때 트림과 함께 위에서 목으로 넘어오는
　시척지근한 물.

⑵ 지긋지긋하고 진절머리 나는 생각이나 느낌.

어머니 팔순을 축하하기 위해 가족들이 함께 <u>모꼬지를 가기</u>로 했습니다. 나에겐 누나 네 명이 있습니다. 누나들의 성격이 제각각이라 함께 모이면 즐거울 때가 많습니다.

큰누나는 먹성이 좋습니다. 그래서 평소 비싼 음식을 먹는 데 다소 <u>헤픈</u> 경향이 있습니다. 가족여행에 큰누나가 끼면 경비가 많이 듭니다.

둘째 누나는 <u>쓰잘머리</u> 없는 생각을 많이 한다고 어머니에게 늘 잔소리를 듣습니다. <u>앙짜</u>면서 고집이 세기도 해서 가족 모임 때 종종 문제를 일으키곤 합니다.

셋째 누나는 성격이 급합니다. 어디로 이동할 때마다 가족들을 무척 <u>재우칩니다</u>. 성격이 급해서 모든 감정이 얼굴에 <u>비끼기</u> 때문에 다른 사람이 누나의 기분 상태를 금방 알아챌 수 있습니다.

넷째 누나는 준비성이 뛰어납니다. 구글링을 통해 이번 여행 관련 정보를 샅샅이 <u>톺아보는</u> 등 <u>옹근</u> 열 시간 동안 준비했다고 합니다. 어떤 일을 맡으면 처음부터 끝까지 최선을 다하는 성격입니다.

누나들이 막내인 내게 잘해 줍니다. 나는 누나들의 일에 괜히 <u>따따부따</u> 참견하지 않습니다. 그렇지만 가끔 어머니에게 누나들의 잘못을 <u>까바치는</u> 고자질쟁이 역할도 합니다.

나는 여행지에서 기념이 될 만한 물건 사기를 좋아합니다. 그런데 허섭스레기를 샀다고 누나들의 핀잔을 듣는 경우가 꽤 있었습니다.

모꼬지 <명사> / 모꼬지하다 <동사>

놀이나 잔치 또는 그 밖의 일로 여러 사람이 모이는 일.

헤프다 <형용사>

(1) 물건이나 돈 따위를 아끼지 아니하고 함부로 쓰는 버릇이 있다.

　* 유의어: 흔전만전하다.

(2) 쓰는 물건이 쉽게 닳거나 빨리 없어지는 듯하다.

　(예 1) 비누가 무르면 헤프기 쉽다.

　(예 2) 우리는 식구가 많아서 생활필수품이 헤프다.

(3) 말이나 행동 따위를 삼가거나 아끼는 데가 없이 마구 하는 듯하다.

　(예) 그녀는 말하는 도중에 웃음도 헤프고, 울음도 헤픈 경향이 있다.

쓰잘머리 <명사>

사람이나 사물의 쓸모 있는 면모나 유용한 구석.

* 쓰잘데기: 경상/전라도 방언.

앙짜 <명사>

(1) 성질이 깐작깐작하고 샘을 잘 내는 사람을 놀림조로 이르는 말.

(2) 앳되게 점잔을 빼는 짓.

　(예) 앙짜를 부리다.

재우치다 <동사>

빨리 몰아치거나 재촉하다.

비끼다 <동사>

(1) 얼굴에 어떤 표정이 잠깐 드러나다.

(2) 비스듬히 놓이거나 늘어지다.

　(예) 밤하늘에 남북으로 <u>비낀</u> 은하수를 바라다보았다.

(3) 비스듬히 비치다.

　(예) 오늘따라 흐르는 강물에 <u>비낀</u> 달빛이 아름답다.

톺다 <동사>

(1) 틈이 있는 곳마다 모조리 더듬어 뒤지면서 찾다.

(2) 가파른 곳을 오르려고 매우 힘들여 더듬다.

　(예) 높고 험준한 산을 <u>톺으며</u> 올랐더니 숨이 턱에 찬다.

옹글다 <형용사>

(1) 조금도 축가거나 모자라지 아니하다.

　* 유의어: 알차다.

(2) 물건 따위가 손상되지 아니하고 본디대로 있다.

　(예) 십 년 넘게 빈집이었는데 불구하고 <u>옹근</u> 채로 남아 있다.

　* 유의어: 고스란하다.

(3) 매우 실속 있고 다부지다.

　(예) 평소 찬우의 일 처리가 여간 <u>옹글지</u> 않다.

따따부따 <부사>

딱딱한 말씨로 따지고 다투는 소리. 또는 그 모양.

까바치다 <동사>

비밀 따위를 속속들이 들추어내어 일러바치다.

* 유의어: 고자질하다.

허섭스레기 <명사>

좋은 것이 빠지고 난 뒤에 남은 허름한 물건.

* '허접쓰레기'도 복수 표준어입니다.

3장

올바른 외래어 표기

외래어 표기의 기본 원칙

언어마다 음운 체계나 문자 체계가 다르므로, 어느 한 언어의 어휘를 다른 언어로 흡수하여 표기하기 위해서는 일정한 규칙이 필요합니다. 외래어 표기의 목적은, 외국어에서 비롯되었으나 한국어 속에 들어와 한국어에서 사용되는 말들을 통일된 방식으로 적기 위한 것입니다.

〈외래어표기법〉은 대한민국의 국립국어원이 정한, 다른 언어에서 빌려온 어휘(차용어) 및 들어온 언어(외래어)를 한글로 표기하는 규정입니다. 다만, 이는 표준 표기 형태를 제공하기 위한 것이지, 외국어를 말할 때 그대로 발음하라는 것은 아닙니다.

현재 우리나라 외래어 표기는 원음주의를 원칙으로 합니다. 현지의 발음에 가깝게 적는다는 겁니다. 그런데 우리 표기법에 맞게 적는다는 게 쉽지 않습니다. 외국어 발음에서 나오는 소리를 우리말로 정확하게 적을 수는 없기 때문입니다. 그래서 완전하지 못한 부분들이 더러 있습니다. 이 점을 감안하고 외래어표기법을 따라야 합니다.

외래어 표기의 기본 원칙은 다음과 같습니다.

① 외래어는 현재 쓰이는 국어 자모 24가지로만 적습니다.
② 외래어의 1 음운은 원칙적으로 1 기호로 적습니다.
③ 받침에는 'ㄱ/ㄴ/ㄹ/ㅁ/ㅂ/ㅅ/ㅇ'만을 씁니다.
④ 파열음 표기에는 된소리(경음)를 쓰지 않는 것을
   원칙으로 합니다.
⑤ 이미 굳어진 외래어는 관용을 존중하되, 그 범위와 용례는
   따로 정합니다.

이 책에서는 한국의 일상생활에서 자주 쓰이는 외래어 표기를
중심으로 구체적인 사례를 통해 실속 있게 알아보겠습니다.

トウキョウ（東京）: 도쿄?/토쿄?

도쿄가 올바른 표기입니다.

일본어를 한글로 표기할 때 어두(말머리)에 'ㅋ/ㅌ/ㅊ' 같은 거센소리(격음)를 쓰지 않습니다.

　(예 1) 큐슈(X) → 규슈(O)

　(예 2) 토요타(X) → 도요타(O)

　(예 3) 치바(X) → 지바(O)

그렇지만, 어중(말 중간)이나 어말(말끝)에는 쓸 수 있습니다.

　(예) 도쿄, 도요타, 오사카

とんカツ［豚カツ］ : 돈가스?/돈까스?

돈가스가 올바른 표기입니다.

일본어를 한국어로 표기할 때 '쓰시마'의 '쓰'를 제외하고는 어떤
경우든 'ㄲ/ㄸ/ㅃ/ㅆ/ㅉ' 같은 된소리(경음)를 쓰지 않습니다.

Lions : 라이온즈?/라이온스?

라이온스가 올바른 표기입니다.

영어의 복수형 's'는 '즈'가 아닌 '스'로 표기합니다. 다만, 'ts'
는 '츠', 'ds'는 '즈'로 표기합니다.

    (예 1) Supporters → 서포터스

    (예 2) Masters → 마스터스

    (예 3) Tigers → 타이거스

    (예 4) Giants → 자이언츠

올바른 외래어 표기

Lobster : 랍스터?/로브스터?

관용을 존중해 <u>랍스터/로브스터</u> 복수 표기를 허용합니다.

다음과 같은 사례도 복수 표기를 허용합니다.

(예 1) Shirts(영어) : 셔츠 / 샤쓰

(예 2) Jumper(영어) : 점퍼 / 잠바

(예 3) VR(영어) : 브이아르/ 브이알

불어/영어식 발음에 따른 표기를 둘 다 허용하는 경우도 있습니다.

(예) Bâton : 바통(불어) / 배턴(영어)

Rendezvous : 랑데부?/랑데뷰?

랑데부가 올바른 표기입니다.

프랑스어 'rendez-vous'의 발음은 [ʀɑđevu]입니다. 모음 음성 기호 [u]는 '우'로 표기합니다.

보충 설명
흔히 '랑데뷰'로 많이 발음하지만, 이중 모음으로 발음될 수 있는 모음 은 단모음으로만 표기합니다.

　(예 1) Vision : 비젼(X) → 비전

　(예 2) Chocolate : 쵸콜렛(X) → 초콜릿

　(예 3) Sofa : 쇼파(X) → 소파

Running : 런닝?/러닝?

러닝이 올바른 표기입니다.

비슷한 소릿값의 자음을 겹쳐서 쓰지 않습니다.

　(예 1) Lucky : 럭키(X) → 러키(O)

　(예 2) Rapper : 랩퍼(X) → 래퍼(O)

　(예 3) Cannes : 칸느(X) → 칸(O)

　(예 4) Femme Fatale : 팜므파탈(X) → 팜파탈(O)

예외로 알파벳 'L'은 'ㄹ'을 두 번 연이어 적습니다.

　(예 1) Play : 플레이

　(예 2) Plaza : 플라자

　(예 3) Handling : 핸들링

　(예 4) Glass : 글라스

Lemonade : 레몬에이드?/레모네이드?

레모네이드가 올바른 표기입니다.

영어 'lemonade'는 원어민 발음에 가까운 '레모네이드'로 적습니다.

원어민 발음을 반영해서 표기한 다른 사례를 알아보겠습니다.

(예 1) Tottenham Hotspur : 토튼햄 홋스퍼(X) → 토트넘 홋스퍼(O)

(예 2) Valentine's Day : 발렌타인 데이(X) → 밸런타인 데이(O)

(예 3) Caramel macchiato : 카라멜(X) → 캐러멜 마키아토(O)

(예 4) Ambulance : 앰블란스(X) → 앰뷸런스(O)

(예 5) Accessory : 악세사리(X) → 액세서리(O)

(예 6) Message : 메세지(X) → 메시지(O)

올바른 외래어 표기

Robot : 로봇?/로보트?

로봇이 올바른 표기입니다.

짧은 모음 다음의 어말 무성 파열음 [p/t/k]는 받침으로 적습니다.

　(예 1) Gap[gæp] → 갭
　(예 2) Cat[kæt] → 캣
　(예 3) Book[buk] → 북

그런데 아래와 같은 예외가 있습니다.

(1) 'Bat'은 '뱃'으로 써야 하는데, '배트'로 표기합니다. 〈기본 원칙 5항〉에 따라서 관용을 존중해 '배트'로 표기합니다.

(2) 'Cut'도 마찬가지입니다. '컷'으로 적어야 하지만, 다음의 경우에는 '커트'로 표기합니다.

　① 전체에서 일부를 잘라 내는 일.
　② 진행되던 일을 중간에서 차단하는 일.
　③ 미용을 목적으로 머리를 자르는 일이나 그 머리 모양을 가리킬 때.

(3) 그러나 다음 경우에는 '컷'으로 표기합니다.

   ① 〈영상〉한 번의 연속 촬영으로 찍은 장면을 이르는 말.

   ② 〈영상〉대본이나 촬영한 필름에서 불필요한 부분을 삭제하는 일.

   ③ 〈매체〉인쇄물에 넣는 삽화(挿畫).

   ④ 〈영상〉영화 촬영에서, 촬영을 멈추거나 멈추라는 뜻으로 하는 말.

Massage : 맛사지?/마사지?

마사지가 올바른 표기입니다.

영어 'massage'는 불필요한 사이시옷을 넣어서 '맛사지'로 적지
않습니다.

비슷한 다른 사례를 알아보겠습니다.

　(예 1) Badge : 뱃지(X) → 배지
　(예 2) Ketchup : 켓첩(X) → 케첩
　(예 3) Switch : 스윗치(X) → 스위치

Buffet : 뷔페?/부페?

뷔페가 올바른 표기입니다.

프랑스어 'buffet'의 발음은 [byfɛ]입니다. 모음 음성 기호 [y]
는 '위'로 표기합니다.

다른 사례를 알아보겠습니다.

  (예 1) Début → 데뷰(X), 데뷔(O)

上海 : 상해?/상하이?

<u>상하이/상해</u> 둘 다 올바른 표기입니다.

중국 및 일본의 지명 가운데 한국 한자음으로 읽는 관용이 있는
것은 이를 허용합니다.

(예 1) 東京 → 도쿄/동경

(예 2) 京都 → 교토/경도

(예 3) 臺灣 → 타이완/대만

(예 4) 黃河 → 황허/황하

Supermarket : 수퍼마켓?/슈퍼마켓?

슈퍼마켓이 올바른 표기입니다.

영어 'supermarket'을 비롯하여 'super-'가 들어가는 단어는 '수퍼-'가 아닌 '슈퍼-'로 적습니다. 'super-'의 발음이 [su:-] 또는 [sju:-] 두 가지로 나지만, 그중 널리 쓰인다고 판단되는 [sju:-] 발음을 기준으로 하여 표기를 한 것입니다.

다른 사례를 알아보겠습니다.

(예 1) Superman → 슈퍼맨

(예 2) Superstar → 슈퍼스타

올바른 외래어 표기

Soup : 수프?/<u>스프</u>?

<u>수프</u>가 올바른 표기입니다.

(1) 일본에서는 '스프'로 표기하기도 하지만, 기본적으로 'soup'의 발음은 [suːp]입니다. 모음 음성 기호 [u]는 '우'로 표기합니다.

(2) 어말과 자음 앞의 무성 파열음 [p/t/k]과 유성 파열음 [b/d/g]은 '으'를 붙여 적습니다.

    (예 1) Stamp[stæmp] → 스탬프

    (예 2) Part[pɑːt] → 파트

    (예 3) Desk[desk] → 데스크

    (예 4) Bulb[bʌlb] → 벌브

    (예 5) Land[lænd] → 랜드

    (예 6) Signal[signəl] → 시그널

(1)과 (2)를 종합하면, 'soup'의 표기는 '수프'가 됩니다.

Shrimp : 쉬림프?/슈림프?

<u>슈림프</u>가 올바른 표기입니다.

자음 앞의 [ʃ]는 '슈'로, 모음 앞의 [ʃ]는 뒤따르는 모음에 따라 '샤/섀/셔/셰/쇼/슈/시'로 표기합니다.

사례를 통해 알아보겠습니다.

　(예 1) Shrub[ʃrʌb] → 슈러브

　(예 2) Shark[ʃɑːk] → 샤크

　(예 3) Shank[ʃæŋk] → 섕크

　(예 4) fashion[fæʃən] → 패션

　(예 5) Milkshake[mɪlkʃeɪk] → 밀크셰이크

　(예 6) Shopping[ʃɔpiŋ] → 쇼핑

　(예 7) Shoe[ʃuː] → 슈

　(예 8) Shim[ʃim] → 심

Snowboard : <u>스노보드</u>?/<u>스노우보드</u>?

<u>스노보드</u>가 올바른 표기입니다.

영어 'snowboard'의 발음은 [snoʊbɔːrd]입니다. 영어의 중모음 발음 [ai], [au], [ei], [ɔi], [ou], [auə] 등은 각 단모음의 음가를 살려서 적되, [ou]는 '오'로, [auə]는 '아워'로 표기합니다.

영어 중모음 표기의 다른 사례를 알아보겠습니다.
   (예 1) Time[taim] → 타임
   (예 2) House[haus] → 하우스
   (예 3) Skate[skeit] → 스케이트
   (예 4) Oil[ɔil] → 오일
   (예 5) Boat[bout] → 보트
   (예 6) Tower[tauə] → 타워

Encore : 앙콜?/앙코르?

앗코르가 올바른 표기입니다.

프랑스어 'encore'의 원어민 발음에 가까운 '앙코르'로 적습니다.

다른 사례를 알아보겠습니다.

Concours → 콩쿨(X), 콩쿠르(O)

English : 잉글리쉬?/잉글리시?

잉글리시가 올바른 표기입니다.

영어에서 어말의 [ʃ] 발음은 '시'로 표기합니다.

다른 사례를 알아보겠습니다.

  (예 1) Dash → 대쉬(X), 대시(O)
  (예 2) Flash → 플래쉬(X), 플래시(O)

Coffee shop : 커피샵?/커피숍?/커피숖?

커피숍이 올바른 표기입니다.

(1) 외래어의 한글 표기 받침은 'ㄱ/ㄴ/ㄹ/ㅁ/ㅂ/ㅅ/ㅇ'만을 씁니다. 받침에 'ㅍ'이 올 수 없습니다.

(2) 영어 'shop'은 '숍/샵' 두 가지 표기가 다 가능하지만, 영국식 발음을 따른 '숍'으로 표기합니다.

(1)과 (2)를 종합하면, 'coffee shop'의 표기는 '커피숍'이 됩니다.

다른 사례를 알아보겠습니다.

　　Workshop → 워크샵(X), 워크숍(O)

올바른 외래어 표기

Cake : 케이크?/케잌?

케이크가 올바른 표기입니다.

(1) 외래어의 한글 표기 받침은 'ㄱ/ㄴ/ㄹ/ㅁ/ㅂ/ㅅ/ㅇ'만을 씁니다. 받침에 'ㅋ'이 올 수 없습니다.

(2) 짧은 모음 다음의 어말 무성 파열음 [p], [t], [k]는 받침으로 적습니다.

   (예) Book[buk] → 북

그런데 cake의 발음은 [keɪk]입니다. 짧은 모음이 아니므로 어말 무성 파열음 [k]를 받침으로 표기하지 않습니다.

(1)과 (2)를 종합하면, cake의 한글 표기는 '케이크'가 올바른 표기입니다.

Cognac : 코냑?/꼬냑?

코냑이 올바른 표기입니다.

(1) 프랑스어 'cognac'의 발음은 [kɔɲak]입니다. 파열음의 표기에는 된소리(경음)를 쓰지 않는 걸 원칙으로 합니다. 다만, 빵, 껌 등 굳어진 몇몇 단어와 일본어에서 온 말을 적을 때 '쓰', 중국어에서 온 말을 적을 때 '싸/쯔', 그리고 태국어와 베트남어의 한글 표기에는 허용하고 있습니다.

(2) 프랑스어 발음 [ɲ]가 '아/에/오/우' 앞에 올 때에는 뒤따르는 모음과 합쳐 각각 '냐/녜/뇨/뉴'로 적습니다.

(1)과 (2)를 종합하면, 'cognac'의 표기는 '코냑'이 됩니다.

파열음 표기의 다른 사례
　(예 1) Paris : 빠리(X) → 파리
　(예 2) Paella : 빠에야(X) → 파에야
　(예 3) Risotto : 리조또(X) → 리소토
　(예 4) Tortilla : 또띠아(X) → 토르티야
　(예 5) Café : 까페(X) → 카페

보충 설명

발음 [b]와 가장 가까운 소리는 국어의 'ㅂ'입니다. 그러면 발음 [p]와 가장 가까운 소리는 무엇일까요? 이것은 언어에 따라 다릅니다.

영어, 독일어의 p는 국어의 'ㅍ'과 가깝습니다. 하지만 프랑스어, 이탈리아어 등은 'ㅃ'이 더 가깝습니다. 프랑스 사람이 Paris를 발음하는 것을 들어 보면 영락없이 '빠'이지 '파'로 들리지는 않습니다. 그렇지만 우리의 외래어표기법은 '빠리'가 아니라 '파리'로 적도록 규정하고 있습니다.

당연히 '빠리'가 더 가깝다면 '빠리'로 적는 게 옳지 않을까 하고 의문을 품을 수 있습니다. 그런데 된소리에 가까운지 거센소리에 가까운지를 일일이 가려서 그에 따라 적는다면 외국어 발음에 더 가깝게 적기는 하겠지만 우리가 져야 할 부담이 만만치 않습니다.

특히, 그리스어, 터키어, 네덜란드어, 아랍어, 타이어, 힌디어 등의 발음이 된소리에 가까운지 거센소리에 가까운지를 일일이 조사해서 정해야 합니다. 그렇게 정한 것을 기억해서 지키기란 매우 어려운 일이기 때문입니다.

Target : 타겟?/타깃?

타깃이 올바른 표기입니다.

영어 'target'의 발음은 [tɑːrgɪt]입니다. 모음 음성 기호 [i]는 '이'로 표기합니다.

Fried chicken : 프라이드 치킨?/ 후라이드 치킨?

프라이드 치킨이 올바른 표기입니다.

영어 'fried'의 발음은 [fraɪd]입니다. 자음 음성 기호 [f]가 자음 앞 또는 어말에 오는 경우 '프'로 표기합니다.

다른 사례를 알아보겠습니다.

(예 1) Fighting : 화이팅(X) → 파이팅
(예 2) Fry(ing) pan : 후라이팬(X) → 프라이팬

4장

띄어쓰기

글을 쓸 때 늘 고민하는 것 중 하나가 띄어쓰기죠. 붙여 쓸지 띄어 쓸지 헷갈리는 경우가 많습니다. 한국어 띄어쓰기의 아주 기본적인 원칙은 '단어 사이는 띄어 쓴다'입니다. 띄어 쓸 때와 붙여 쓸 때의 규칙을 구체적인 사례를 통해 알아보겠습니다.

조사와 보조사

조사는 그 앞말에 붙여 씁니다. 보조사도 마찬가지입니다.

여기에서부터만이라도 혼자 갈래.

점심은커녕 아침도 못 먹었다.

술일랑은 마실 생각을 마라.

하고 싶은 말은 그뿐만이 아니다.

심술깨나 부리겠더라.

사실인즉슨 이렇습니다.

자네 말마따나 서둘러야겠다.

접사

접사는 붙여서 씁니다.

제10회

상처투성이

신여성

사실상

감독하에

30분가량

30분쯤

단, '30분 정도'는 띄어 씁니다. '정도'가 접사가 아닌 명사이기 때문입니다.

의존 명사

의존 명사는 띄어 씁니다.

먹을 <u>만큼</u> 먹어라.

그가 떠난 <u>지</u>가 오래다.

이 <u>모(某)</u> 씨

박 <u>아무개</u>

경기 시작 <u>전(前)</u>

총무 <u>팀</u> / 우리 <u>부</u>

상추, 호박, 고추 <u>따위</u>

단위를 나타내는 명사

단위를 나타내는 명사는 띄어 씁니다.

소 한 마리

집 한 채

북어 한 쾌

다만, 순서를 나타내는 경우나 숫자와 어울리어 쓰이는 경우는 붙여 씁니다.

두시 삼십분 오초

제1과

제20대 대통령

제24차 세미나

7미터

2소대

숫자의 표기

수를 적을 적에는 '만(萬)' 단위로 띄어 씁니다.

십이억 삼천팔백육십만 삼천이백구십오

12억 3860만 3295

연결과 열거

두 말을 이어 주거나 열거할 적에 쓰이는 다음의 말들은 띄어
씁니다.

부장 겸 팀장

청군 대 백군

열 내지 스물

이사 및 국장

책상, 걸상 등

연이은 단음절 단어

단음절로 된 단어가 연이어 나타날 적에는 붙여 쓸 수
있습니다.

　　좀더 큰 것

　　이말 저말

　　한잎 두잎

보조 용언

보조 용언은 띄어 씀을 원칙으로 하되, 경우에 따라 붙여 쓰는 것도 허용합니다.

원칙	허용
불이 꺼져 간다.	불이 꺼져간다.
내 힘으로 막아 낸다.	내 힘으로 막아낸다.
비가 올 듯하다.	비가 올듯하다.
그릇을 깨트려 버렸다.	그릇을 깨트려버렸다.
어머니를 도와 드린다.	어머니를 도와드린다.
일이 될 법하다.	일이 될법하다.
비가 올 성싶다.	비가 올성싶다.
잘 아는 척한다.	잘 아는척한다.

다만, 앞말에 조사가 붙거나 앞말이 합성 용언인 경우, 그리고 중간에 조사가 들어갈 적에는 그 뒤에 오는 보조 용언은 띄어 씁니다.

잘도 놀아만 나는구나!

이런 기회는 다시없을 듯하다.

잘난 체를 한다.

비가 올 듯도 하다.

이름과 호칭

성과 이름, 성과 호 등은 붙여 쓰고, 이에 덧붙는 호칭어,
관직명 등은 띄어 씁니다.

양성필

서화담

최치원 선생

김동길 박사

정찬우 씨

충무공 이순신 장군

단, 성(姓)을 표기할 때는 붙여 씁니다.

이씨

김씨

박씨

다만, 성과 이름, 성과 호를 분명히 구분할 필요가 있는 경우에
는 띄어 쓸 수 있습니다.

남궁 억

독고 준

고유 명사와 전문 용어

성명 이외의 고유 명사와 전문 용어는 <u>단어별</u>로 띄어 씀을 원칙으로 하되, <u>단위별로</u> 띄어 쓸 수 있습니다.

원칙	허용
경신 고등학교	경신고등학교
고려 대학교 경영 대학원	고려대학교 경영대학원
만성 골수성 백혈병	만성골수성백혈병
대륙간 탄도 미사일	대륙간탄도미사일

띄어쓰기

합성어

합성어는 붙여 씁니다.

    찾아보다

    알아보다

    빌려주다

    들려주다

    머릿속

    마음속

    꿈속

    숲속

    가슴속

단, '보다'가 시험 삼아 하는 걸 나타내는 경우엔 띄어 씁니다.

    먹을 것을 구해 보다.

    운전대를 잡아 보다.

단, '주다'가 앞 동사의 행위가 다른 사람의 행위에 영향을 미침을 나타내는 경우엔 띄어 씁니다.

    정답을 알려 주다.

*뱃속/배 속

'마음'의 속된 표현인 '뱃속'은 붙여 쓰고, 신체인 '배의 안'을 의미할 때는 '배 속'처럼 띄어 씁니다.

    그 사람 뱃속을 도무지 알 수가 없다.

*입속/입 속

'구강'을 뜻하는 의학 용어 '입속'은 붙여 쓰고, 공간인 '입의 안'을 의미할 때는 '입 속'처럼 띄어 씁니다.

　　과자를 <u>입속</u>에 넣고 오물거렸다.

띄어쓰기

단음절 한자어

'간(間)'은 의미에 따라 띄어 쓸 때도 있고, 붙여 쓸 때도 있습니다.

① '사이 또는 관계'의 의미일 때는 띄어 씁니다.

    가족 간

    이웃 간

단, 이 경우에도 합성어로 인정된 말은 붙여 씁니다.

    부부간

    형제간

② '기간의 의미'일 때는 붙여 씁니다.

    사흘간의 전쟁

    지난 10여 년간

'내(內)/외(外)/초(初)/말(末)/중(中)/전(前, 全)/후(後)/
시(時)'의 띄어쓰기는 다음과 같습니다.

① 단어에 붙어서 한 단어를 만들 때는 앞말에 붙여 씁니다.
　　실내
　　월초
　　한밤중
　　무의식중
　　불시
　　전국(全國)

② 그러지 않을 때는 띄어 씁니다.
　　기한 내에
　　사고 발생 시
　　회의 중

③ 관형어로 쓰이는 '전(全)'은 띄어 씁니다.
　　전 세계
　　전 국민

녘

'녘'의 띄어쓰기는 다음과 같습니다.

① 합성어일 때는 붙여 씁니다.

　새벽녘

　동녘

　개울녘

② 합성어가 아닐 때는 띄어 씁니다.

　동틀 녘

　해 질 녘

　해 뜰 녘

다음 날/다음날

'다음 날/다음날'의 띄어쓰기는 다음과 같습니다.

① '내일'의 의미일 때는 띄어 씁니다.

　다음 날 우리는 소풍을 갔다.

② '정해지지 않은 미래의 어떤 날'을 의미할 때는 붙여 씁니다.

　다음날에 만나면 소주 한잔합시다.

걸

'걸'의 띄어쓰기는 다음과 같습니다.

① '것을' 또는 '것일'로 바꿔 쓸 수 있으면 띄어 씁니다.

　씹던 걸 삼켜 버렸다. (것을)

　그냥 그런 걸세. (것일)

② 추측/아쉬움/혼잣말 표현 종결어미로 쓰일 때는 붙여 씁니다.

　아마 내일 집으로 갈걸. (추측)

　그냥 먹지 말걸. (아쉬움)

　난 돈이 없는걸. (혼잣말)

님

'님'의 띄어쓰기는 다음과 같습니다.

① 사람 이름 뒤에 쓸 때는 띄어 씁니다.

　　최병문 님

　　장병태 님

② 직위/신분/옛 성인 등의 뒤에 쓰일 때는 붙여 씁니다.

　　사장님

　　팀장님

　　공자님

　　부처님

데

'데'의 띄어쓰기는 다음과 같습니다.

① 가벼운 역접의 의미가 있는 어미 '-데'는 앞말에 붙여 씁니다.

추운데도 밖에서 기다렸다.

우유를 먹었는데 설사했다.

② 감탄의 어미 '-ㄹ(을)데라니'는 앞말에 붙여 씁니다.

와! 이렇게나 감사할데라니!

③ 곳/장소/경우/것의 의미로 쓰이는 의존 명사일 경우 띄어
씁니다.

추운 데서 자면 입 돌아간다.

일이 이렇게 된 데에는 내 책임이 크다.

피아노 치는 데에는 소질이 중요하다.

듯

'듯'의 띄어쓰기는 다음과 같습니다.

① '거의 같다'는 의미로 쓰일 때는 앞말에 붙여 씁니다.

   변덕이 죽 끓듯 하다.

② 그 외의 경우에는 모두 앞말과 띄어 씁니다.

   이건 좀 클 듯하다. ('클듯하다'로 붙여 쓰는 것도 허용됨)

   될 듯(이) 기쁘겠다.

   잡힐 듯 말 듯 하다.

만큼/뿐/대로

'만큼/뿐/대로'의 띄어쓰기는 다음과 같습니다.

① 체언(명사/대명사/수사) 뒤에 오면 '부사격 조사'로서 앞말에 붙여 씁니다.

그<u>만큼</u> 열심히 한 사람이 있을까?

숙제를 한 사람은 셋<u>뿐</u>이다.

계획<u>대로</u> 밀고 나가자.

② 용언(동사/형용사/-이다) 뒤에 오면 '의존 명사'로서 앞말과 띄어 씁니다.

말하는 <u>대로</u> 꼭 이뤄지길.

왼손은 거들 <u>뿐</u>이야.

성인인 <u>만큼</u> 알아서 하겠지.

③ 다음의 경우는 합성어로 인정하여 붙여 씁니다.

그런<u>대로</u>

되는<u>대로</u>

바른<u>대로</u>

④ '~ㄹ뿐더러'는 언제나 붙여 씁니다.

넌 거짓말을 했을<u>뿐더러</u> 피해도 줬다.

만

'만'의 띄어쓰기는 다음과 같습니다.

① '간(間)만'의 준말로 '동안'의 의미로 쓰일 때는 앞말과 띄어 씁니다.

　　이게 얼마 <u>만</u>이니!

　　10일 <u>만</u>에 벌어진 일이다.

② '한정' 또는 '수준'의 의미로 쓰일 때는 앞말에 붙여 씁니다.

　　이 아이<u>만</u>은 절대로 안 돼요.

　　형<u>만</u> 한 아우 없다.

지

'지'의 띄어쓰기는 다음과 같습니다.

① 어미 '-ㄴ지' 또는 '-ㄹ지'로 쓰일 때는 앞말에 붙여 씁니다.

누군지 모르겠다.

어디로 갈지 정했다.

② '경과 시간'의 의미로 쓰일 때는 앞말과 띄어 씁니다.

그것은 사라진 지가 오래되었다.

체포된 지 한 달 만에 풀려났다.

한

'한'의 띄어쓰기는 다음과 같습니다.

① 뒷말과 합쳐져서 별도의 의미로 인정된 단어는 붙여 씁니다.
   한번 해볼까? (일단 한 차례)
   한번은 누굴 만났지. (지난 어느 때)
   어디 가서 한잔 더 마시자. (한 차례)
   한마디로, 불가능하단 말이야. (간단한 말)

② 횟수/차례를 나타내는 관형사로 쓰일 때는 뒷말과 띄어 씁니다.
   딱 한 번만 더 해보는 건 어때?
   한 줄기 희망을 보았다.
   한 잔만 마셨는데도 단속에 걸렸다.

* 백번 / 백 번
   이런 건 백번 인정해도 다른 건 안 된디. (여러 번)
   백 번 만에 성공했다. (백 차례)

커녕

'커녕'은 무조건 붙여 씁니다.

밥<u>커녕</u> 죽도 못 먹는다.

사람<u>은커녕</u> 개미 한 마리 못 들어간다.

이/그/저/아무/별

'이/그/저/아무/별'은 아래 예시의 경우에만 붙여 씁니다.

이것/저것/그것/아무것/별 것

이곳/저곳/그곳

이쪽/저쪽/그쪽

이분/저분/그분 – 이놈/저놈/그놈

이번/저번 – 이때/저때/그때

이다음/그다음 – 이사이/그사이(이새/그새)

그동안/그중

별일/별짓/별수

띄어쓰기

5장

올바른 발음

표준 발음법의 가장 중요한 원칙은 표준어로 규정된 단어들의 실제적인 발음을 따르는 것입니다. 표준어의 실제 발음을 따른다는 것은 말 그대로 현대 서울말의 현실 발음을 기반으로 표준 발음을 정한다는 뜻입니다. 예컨대 복수 표준 발음을 널리 허용하는 것은 실제 발음을 고려한 결과입니다.

그렇다고 해서 표준어의 모든 실제 발음을 표준으로 인정하는 것은 아닙니다. 여기서 표준 발음과 현실 발음의 차이가 나타나게 됩니다. 표준 발음법에서는 실제 발음이라고 하더라도 전통성과 합리성을 고려하여 표준 발음을 정하도록 했습니다. 전통성과 합리성에 부합하지 않는 것은 실제 나타나는 발음이라도 표준으로 인정하지 않습니다.

전통성을 고려한다는 것은 이전부터 내려오던 발음상의 관습을 고려한다는 의미입니다. 전통성을 고려한 표준 발음 제정의 예로는 단모음 'ㅐ'와 'ㅔ'의 구별을 들 수 있습니다. 'ㅐ'와 'ㅔ'는 원래 명확하게 구별되는 단모음들이었지만, 현재는 일부 지역의 노년층을 제외하면 대부분의 사람이 이 두 단모음을 명확히 구별하여 발음하지도 못하고 인식하지도 못합니다. 'ㅐ'와 'ㅔ'를 구별하지 못하여 표기 실수를 많이 하는 것도 바로 이 때문입니다.

그러나 이 두 단모음은 오랜 기간 별개의 단모음으로서 그 지위가 확고했고, 여전히 구별하는 사람들이 남아 있습니다. 이러한 전통을 고려하여 표준 발음법에서는 'ㅐ'와 'ㅔ'를 항상 다르게 발음하도록 규정하고 있는 것입니다.

전통성 이외에 합리성도 실제 발음을 표준 발음으로 인정할지를 결정하는 데에 중요한 역할을 합니다. 가령 '닭/흙/여덟'과 같이 겹받침을 가진 체언은 뒤에 모음으로 시작하는 조사가 결합할 때 겹받침 중 하나를 연음해야 하므로, '닭이[달기]/닭을[달글]/닭은[달근]' '흙이[흘기]/흙을[흘글]/흙은[흘근]' '여덟이[여덜비]/여덟을[여덜블]/여덟은[여덜븐]'으로 발음하는 것이 합리적입니다.

 그런데 현실 발음에서는 오히려 겹받침 중 하나를 탈락시켜 '[다기]/[다글]/[다근]' '[흐기]/[흐글]/[흐근]' '[여더리]/[여더를]/[여더른]'으로 발음하는 경우가 많습니다. 그러나 이러한 현실 발음은 합리성이 떨어지기 때문에 표준 발음으로 인정하지 않는 것입니다.

'맛있다, 멋있다'의 원칙 발음을 '[마딛따]/[머딛따]'로 정한 것도 합리성을 고려한 것입니다. 모음으로 시작하는 실질 형태소가 뒤따르는 경우, 받침 'ㅅ'이 대표음인 [ㄷ]으로 바뀌는 것이 국어의 발음 규칙이므로 '[마딛따]/[머딛따]'가 합리적인 발음입니다. 다만 '맛있다/멋있다'를 '[마싣따]/[머싣따]'로 발음하는 경우가 매우 빈번하여 이 경우에는 실제 발음도 허용하는 쪽으로 규정했습니다.

표준어의 자음은 다음 19개로 합니다.

☞ ㄱ ㄲ ㄴ ㄷ ㄸ ㄹ ㅁ ㅂ ㅃ ㅅ ㅆ ㅇ ㅈ ㅉ ㅊ ㅋ ㅌ ㅍ ㅎ

표준어의 모음은 다음 21개로 합니다.

☞ ㅏ ㅐ ㅑ ㅒ ㅓ ㅔ ㅕ ㅖ ㅗ ㅘ ㅙ ㅚ ㅛ ㅜ ㅝ ㅞ ㅟ ㅠ ㅡ ㅢ ㅣ

이중 모음의 발음

모음 중 다음은 이중 모음으로 발음합니다.

☞ ㅑ ㅒ ㅕ ㅖ ㅘ ㅙ ㅛ ㅝ ㅞ ㅠ ㅢ

(1) 'ㅑ/ㅒ/ㅕ/ㅖ/ㅛ/ㅠ'는 각각 반모음 'ㅣ[j]'와 단모음 'ㅏ/ㅐ/ㅓ/ㅔ/ㅗ/ㅜ'의 결합으로 이루어집니다.

(2) 'ㅢ'는 단모음 'ㅡ'와 반모음 'ㅣ[j]'의 결합으로 이루어집니다.

(3) 'ㅘ/ㅙ/ㅝ/ㅞ'는 각각 반모음 'ㅗ/ㅜ[w]'와 단모음 'ㅏ/ㅐ/ㅓ/ㅔ'의 결합으로 이루어집니다.

*다만 ① 용언의 활용형에 나타나는 '져/쪄/쳐'는 [저/쩌/처]로 발음합니다.

　가지어 → 가져 [가저]

　찌어 → 쪄 [쩌]

　다치어 → 다쳐 [다처]

'ㅈ/ㅉ/ㅊ' 뒤에서 'ㅕ'가 발음되지 못하는 것은 'ㅈ/ㅉ/ㅊ'과 같은 경구개음 뒤에 반모음 'ㅣ[j]'가 연이어 발음될 수 없다는 국어의 제약 때문입니다. 그래서 역사적으로 '쟈/져/죠/쥬' '쨔/쪄/쪼/쮸' '챠/쳐/쵸/츄' 등은 현대 국어에 와서 모두 '자/저/조/주' '짜/쩌/쪼/쭈' '차/처/초/추' 등으로 바뀌었으며, 한 형태소 내부에서는 표기도 발음대로 바뀌었습니다.

　다만 '지-+-어/찌-+-어/치-+-어' 등과 같은 용언의 활용

형이 줄어들 경우, 실제 발음과 달리 '져/쪄/쳐'와 같이 표기하므로, 이런 경우의 'ㅕ'는 단모음으로 발음해야 한다는 규정이 필요하게 되었습니다.

*다만 ② '예/례' 이외의 'ㅖ'는 [ㅔ]로도 발음합니다.

　　계집 [계:집/게:집]

　　계시다[계:시다/게:시다]

　　시계(時計) [시계/시게]

　　개폐(開閉) [개폐/개페]

　　혜택(惠澤) [혜:택/헤:택]

　　지혜(智慧) [지혜/지헤]

이중 모음 'ㅖ'는 표기대로 발음하는 것이 원칙이지만 '예, 례'를 제외한 나머지 환경에서는 이중 모음 대신 단모음 [ㅔ]로 발음되는 경우가 매우 빈번합니다.

　　그래서 이러한 발음 현실을 고려하여 '예/례'와 같이 초성이 없거나 'ㄹ'이 초성에 있는 경우가 아닌 'ㅖ'는 이중 모음으로 발음하는 것을 원칙으로 하되 단모음 [ㅔ]로 발음하는 것도 허용하게 되었습니다.

*다만 ③ 자음을 첫소리로 가지고 있는 음절의 'ㅢ'는 [ㅣ]로 발음합니다.

　　닐리리 [닐리리]

　　무늬 [무니]

　　띄어쓰기 [띠어쓰기]

올바른 발음

씌어 [씨어]

틔어 [티어]

희망 [히망]

다만 ③에서는 이중 모음 '늬'를 반드시 단모음 [ㅣ]로만 발음해야 하는 경우를 규정합니다. '늬/틔/희' 등과 같이 'ㅇ'을 제외한 초성자 뒤에 '늬'가 표기된 예들은 현실 발음을 반영하여 '늬'를 [ㅣ]로 발음해야 합니다. (예시 참조)

다만 이 규정은 '협의, 신의' 등과 같이 앞말의 받침이 뒷말의 초성으로 이동하여 '늬' 앞에 자음이 오게 되는 경우에는 적용되지 않습니다.

*다만 ④ 단어의 첫음절 이외의 '의'는 [ㅣ]로, 조사 '의'는 [ㅔ]로 발음함도 허용합니다.

주의 [주의/주이]

협의 [혀븨/혀비]

우리의 [우리의/우리에]

강의의 [강ː의의/강ː이에]

이중 모음 '늬'는 현대 국어에서 발음상의 변이가 심하기 때문에 다양한 복수 표준 발음을 인정합니다. 기본적으로는 *다만 ③의 경우를 제외하면 '늬'를 표기와 동일하게 이중 모음으로 발음하는 것이 원칙이되 이것 외의 다른 발음들도 허용합니다. ('주의/협의' 참조)

또한 관형격 조사 '의'는 [늬]로 발음하는 것이 원칙이되 현

실 발음에 따라 [ㅔ]로 발음하는 것도 허용합니다. ('우리의[우리에]/강의의[강:이에]' 참조)

올바른 발음

음절의 끝소리 규칙

'꽃 위'의 발음은 [꼬뒤], '꽃이'의 발음은 [꼬치]

한국어 발음 규칙에는 '음절의 끝소리 규칙'이라는 게 있습니다. 원래 음절의 끝소리에는 한글 자음 19개(ㄱ/ㄲ/ㄴ/ㄷ/ㄸ/ㄹ/ㅁ/ㅂ/ㅃ/ㅅ/ㅆ/ㅇ/ㅈ/ㅉ/ㅊ/ㅋ/ㅌ/ㅎ) 모두를 받침으로 쓸 수 있지만, 다만 받침에 쓰이는 자음의 발음은 7가지만으로 규정합니다.

'ㄱ/ㄴ/ㄷ/ㄹ/ㅁ/ㅂ/ㅇ'이 그 7가지 발음입니다. 이것이 음절의 끝소리 규칙입니다. 이것을 한눈에 보기 쉽게 표로 그려서 정리하면 이렇습니다.

받침	발음	예시 : [ ]은 실제 발음
ㄱ/ㄲ/ㅋ	ㄱ	낚시[낙씨]/부엌[부억]
ㄴ	ㄴ	
ㄷ/ㄸ/ㅅ/ㅆ/ㅈ/ㅉ/ㅊ/ㅌ/ㅎ	ㄷ	낟[낟]/낮[낟]/낯[낟]/낱[낟]
ㄹ	ㄹ	
ㅁ	ㅁ	
ㅂ/ㅃ/ㅍ	ㅂ	숩[숩]/숲[숩]
ㅇ	ㅇ	

그런데 이 규칙을 실제 소리 내어 글을 읽을 때나 일상 대화에서 사용하기 위해서는 몇 가지 추가적인 규칙을 알아야 합니다.

받침 다음에 '모음'으로 시작하는 조사, 어미, 접미사가 올 때는 음절의 끝소리 규칙이 적용되지 않고, 다음 음절의 첫소리에 옮겨서 발음합니다. 흔히 연음법칙이라고도 하죠.

옷이[오시] 잘 맞아요.

낮이[나지] 길어졌네요.

꽃을[꼬츨] 삽니다.

밭에[바테] 나갔어요.

겹받침일 때는 뒤의 받침만 다음 음절의 첫소리에 옮겨서 발음합니다.

앉아[안자] 있습니다.

사탕을 핥아[할타] 먹었어요.

시를 읊어[을퍼] 감동을 줍니다.

'모음'으로 시작하는 '실질 형태소(단어)'가 오는 경우엔 음절의 끝소리 규칙을 먼저 적용한 후, 그러고 나서 다음 음절의 첫소리에 옮겨서 발음합니다.

꽃 위 → [꼳 위] → [꼬뒤]

밭 아래 → [받 아래] → [바다래]

늪 앞 → [늡 앞] → [느밥]

올바른 발음

다음의 경우에는 두 가지 발음 모두를 인정합니다.

맛있다 → [마딛따] / [마싣따]

멋있다 → [머딛따] / [머싣따]

사이 'ㅅ'의 발음

'ㄱ/ㄷ/ㅂ/ㅅ/ㅈ'으로 시작하는 단어 앞에 사이시옷이 올 때는 이들 자음만을 된소리(경음)로 발음하는 것을 원칙으로 하되, 사이시옷을 [ㄷ]으로 발음하는 것도 허용합니다.

냇가 [내ː까/낻ː까]

샛길 [새ː낄/샏ː낄]

빨랫돌 [빨래똘/빨랟똘]

콧등 [코뜽/콛뜽]

깃발 [기빨/긷빨]

대팻밥 [대ː패빱/대ː팯빱]

햇살 [해쌀/핻쌀]

뱃속 [배쏙/밷쏙]

뱃전 [배쩐/밷쩐]

고갯짓 [고개찓/고갣찓]

사이시옷 뒤에 'ㄴ/ㅁ'이 결합되는 경우에는 [ㄴ]으로 발음합니다.

콧날 [콛날 → 콘날]

아랫니 [아랟니 → 아랜니]

툇마루 [퇻ː마루 → 퇸ː마루]

뱃머리 [밷머리 → 밴머리]

올바른 발음

사이시옷 뒤에 '이' 음이 결합되는 경우에는 [ㄴㄴ]으로 발음합니다.

베갯잇 [베갣닏 → 베갠닏]

깻잎 [깯닙 → 깬닙]

나뭇잎 [나묻닙 → 나문닙]

도리깻열 [도리깯녈 → 도리깬녈]

뒷윷 [뒫:늍 → 뒨:늍]

겹받침의 발음

한국어를 공부하는 외국인을 힘들게 하는 것 중 한 가지가 바로 '겹받침'입니다. 받침이 하나만 있어도 발음하기가 쉽지 않은데 겹쳐 쓴 받침이 두 개가 있으면 정말 혼란이 올 것 같아요. 사실 제가 주변 사람들에게 퀴즈를 내보면 한국 사람도 정답률 50%를 넘지 못하는 게 겹받침의 발음입니다.

자, 이 부분도 최대한 쉽게 알아보겠습니다.

① 대부분의 겹받침 [ㄱㅅ/ㄴㅈ/ㄹㅂ/ㄹㅅ/ㄹㅌ/ㅂㅅ]은 앞의 자음으로 발음합니다.

넋 [넉]

앉다 [안따]

여덟 [여덜]

넓다 [널따]

외곬 [외골]

핥다 [할따]

값 [갑]

② 겹받침 [ㄹㄱ/ㄹㅁ/ㄹㅍ]은 뒤의 자음으로 발음합니다.

닭 [닥]

맑다 [막따]

삶 [삼:]

읊다 [읍따]

304

올바른 발음

여기까지는 그나마 비교적 따라갈 만한데요, 역시나 한국어 공부를 어렵게 만드는 예외가 있습니다.

③ 다음의 경우에는 겹받침 [ㄼ]을 앞의 자음이 아닌, 뒤의 자음으로 발음합니다.

　　밟다 [밥:따]

　　넓둥글다 [넙뚱글다]

　　넓죽하다 [넙쭈카다]

④ 앞서 ②에서 설명한대로, 겹받침 [ㄺ]은 뒤의 자음인 [ㄱ]으로 발음하는 것이 원칙이지만, 받침이 'ㄱ'으로 시작하는 어미와 결합할 때는 앞의 자음인 [ㄹ]로 발음합니다.

　　읽다 [익따], 읽지 [익찌] → 읽고 [일꼬], 읽게 [일께]

' ㄴ '음의 첨가

① 합성어 및 파생어에서, 앞 단어나 접두사의 끝이 자음이고 뒤 단어나 접미사의 첫음절이 '이/야/여/요/유'인 경우에는, ' ㄴ '음을 첨가하여 [니/냐/녀/뇨/뉴]로 발음합니다.

　　솜-이불 [솜:니불]

　　홑-이불 [혼니불]

　　막-일 [망닐]

　　삯-일 [상닐]

　　맨-입 [맨닙]

　　꽃-잎 [꼰닙]

　　내복-약 [내:봉냑]

　　한-여름 [한녀름]

　　남존-여비 [남존녀비]

　　신-여성 [신녀성]

　　색-연필 [생년필]

　　직행-열차 [지캥녈차]

　　늑막-염 [능망념]

　　콩-엿 [콩녇]

　　담-요 [담:뇨]

　　눈-요기 [눈뇨기]

　　영업-용 [영엄뇽]

　　식용-유 [시콩뉴]

　　백분-율 [백뿐뉼]

　　밤-윷 [밤:뉻]

올바른 발음

② 다음과 같은 말들은 'ㄴ' 음을 첨가하여 발음하되, 표기대로
발음할 수 있습니다.

　　이죽-이죽 [이중니죽/이주기죽]

　　야금-야금 [야금냐금/야그먀금]

　　검열 [검ː녈/거ː멸]

　　욜랑-욜랑 [욜랑뇰랑/욜랑욜랑]

　　금융 [금늉/그뮹]

③ 'ㄹ' 받침 뒤에 첨가되는 'ㄴ' 음은 [ㄹ]로 발음한다.

　　들-일 [들ː닐 → 들ː릴]

　　솔-잎 [솔닙 → 솔립]

　　설-익다 [설닉따 → 설릭따]

　　물-약 [물냑 → 물략]

　　불-여우 [불녀우 → 불려우]

　　서울-역 [서울녁 → 서울력]

　　물-엿 [물녇 → 물렫]

　　휘발-유 [휘발뉴 → 휘발류]

　　유들-유들 [유들뉴들 → 유들류들]

④ 두 단어를 이어서 한 마디로 발음하는 경우에도 상기 ①~③
과 같은 규칙을 따릅니다.

　　(예시 1) 규칙 ①, ② 적용

　　한 일 [한닐]

　　옷 입다 [온닙따]

　　서른여섯 [서른녀섣]

　　3 연대 [삼년대]

　　먹은 엿 [머근녇]

　　(예시 2) 규칙 ③ 적용

　　할 일 [할닐 → 할릴]

　　잘 입다 [잘닙따 → 잘립따]

　　스물여섯 [스물녀섣 → 스물려섣]

　　1 연대 [일년대 → 일련대]

　　먹을 엿 [머글녇 → 머글렫]

⑤ 다만, 다음과 같은 단어에서는 'ㄴ(ㄹ)' 음을 첨가하여 발음
하지 않습니다.

　　6·25 [유기오] - 뉴기오(X)

　　3·1절 [사밀쩔] - 삼닐쩔(X)

　　송별-연 [송ː벼련] - 송별년(X)

　　등-용문 [등용문] - 등늉문(X)

올바른 발음

한편, '음의 첨가'와 달리 '음의 동화'로 인해 'ㄴ'발음이 나는
경우도 있습니다.

① 받침 'ㅁ/ㅇ' 뒤에 연결되는 'ㄹ'은 [ㄴ]으로 발음합니다.

담력 [담:녁]

침략 [침:냑]

강릉 [강능]

항로 [항:노]

대통령 [대:통녕]

② 받침 'ㄱ/ㅂ' 뒤에 연결되는 'ㄹ'도 [ㄴ]으로 발음한다.

막론 [막논 → 망논]

석류 [석뉴 → 성뉴]

협력 [협녁 → 혐녁]

법리 [법니 → 범니]

'흐' 받침의 발음

한국어를 공부하는 외국인이 어려워하는 '흐' 받침의 발음을 4가지 경우로 나누어 알아보겠습니다.

① '흐' 받침 뒤에 오는 'ㄱ/ㄷ/ㅈ'은 각각 [ㅋ/ㅌ/ㅊ]으로 발음합니다.

　　놓고[노코]

　　좋다[조타]

　　쌓지[싸치]

② '흐' 받침 뒤에 오는 'ㅅ'은 [ㅆ]으로 발음합니다.

　　닿다 → 닿소[다쏘]

　　좋다 → 좋소[조쏘]

③ '흐' 받침 뒤에 오는 'ㄴ'은 [ㄴㄴ]으로 발음합니다.

　　놓다 → 놓는[논는]

　　닿다 → 닿는[단는]

④ '흐' 받침 뒤에 모음이 오는 경우 '흐'은 소리 나지 않습니다.

　　놓다 → 놓아[노아]

　　닿다 → 닿아[다아]

　　좋다 → 좋아[조아]

올바른 발음

한자어의 발음

한자어에서, 'ㄹ' 받침 뒤에 연결되는 'ㄷ/ㅅ/ㅈ'은 된소리(경음)로 발음합니다.

갈등(葛藤) [갈뜽]

발동(發動) [발똥]

절도(竊盜/節度) [절또]

말살(抹殺) [말쌀]

일시(一時/日時) [일씨]

갈증(渴症) [갈쯩]

물질(物質) [물찔]

발전(發展) [발쩐]

몰상식(沒常識) [몰쌍식]

불세출(不世出) [불쎄출]

알쏭달쏭한 우리말 해방 사전

초판 1쇄 발행 2025년 4월 23일

지은이   양성필
펴낸이   박영미
펴낸곳   포르체

책임편집   김찬미
마케팅   정은주 민재영
디자인   황규성

출판신고   2020년 7월 20일 제2020-000103호
전화   02-6083-0128
팩스   02-6008-0126
이메일   porchetogo@gmail.com
인스타그램   porche_book

ⓒ 양성필(저작권자와 맺은 특약에 따라 검인을 생략합니다.)
ISBN 979-11-94634-21-8 (03710)

여러분의 소중한 원고를 보내주세요.
porchetogo@gmail.com